新闻出版实用知识丛书

报刊出版

“新闻出版实用知识丛书”编委会 / 主编

西南师范大学出版社
国家一级出版社 全国百佳图书出版单位

图书在版编目(CIP)数据

报刊出版 / “新闻出版实用知识丛书”编委会主编
. — 重庆 ：西南师范大学出版社，2017.10
(新闻出版实用知识丛书)
ISBN 978-7-5621-9031-8

Ⅰ. ①报… Ⅱ. ①新… Ⅲ. ①报刊—出版工作—问题解答 Ⅳ. ①G215—44

中国版本图书馆 CIP 数据核字(2017)第 253064 号

报 刊 出 版
BAOKAN CHUBAN

“新闻出版实用知识丛书”编委会 主编

责任编辑:周 松 张昊越
装帧设计:闰江文化
排 版:重庆大雅数码印刷有限公司 · 瞿勤
出版发行:西南师范大学出版社
地址:重庆市北碚区天生路 2 号
网址:http://www.xscbs.com
邮编:400715 电话:023-68868624
印 刷 者:重庆荟文印务有限公司
开 本:720mm×1030mm 1/16
印 张:16.5
字 数:200 千字
版 次:2018 年 5 月 第 1 版
印 次:2018 年 5 月 第 1 次印刷
书 号:ISBN 978-7-5621-9031-8

定 价:48.00 元

总序

党的十八大提出了全面建成小康社会和文化强国建设的目标。在全面建成小康社会和建设文化强国的进程中，新闻出版业将继续承担重要任务，扮演重要角色。

近年来，新闻出版业转型升级和融合发展对新闻出版从业技术人才队伍建设提出了更高的要求，新闻出版行业人才队伍素质的基础性、战略性、决定性作用将更加突显，这也成为新闻出版人才培养和成长的大好时机。《国民经济和社会发展第十三个五年规划纲要》明确指出：人才是“支撑发展的第一资源”，人才就是生产力，要加快建设人才强国。国家将推动新闻出版名家工程、新闻出版领军人才工程、数字出版千人计划、版权专业人才培养计划、经营管理人才素质提升工程、国际化外向型人才培养工程、民文出版人才支持计划、高技能人才培养工程、新闻出版智库建设等与国家规划重大人才工程相对应的重点人才建设工程，通过项目培养人才，促进人才发展，落实人才发展优先战略，一批复合型经营管理人才、数字出版人才、现代行政管理人才将不断地涌现出来。

不积跬步无以至千里。新闻出版人才队伍建设是一项长期性的基础工作。近年来,重庆市文化委员会一直在人才队伍、行业培训方面做着积极且有益的探索,配套出台了一系列政策措施,以重庆市出版工作者协会为枢纽,邀请业内相关专家,以定期开展讲座的形式,对全市新闻出版从业人员进行集中培训,为广大新闻出版一线工作者提供相互交流的机会,取得了良好的效果,为重庆新闻出版人才队伍建设做出了积极的贡献。

为帮助从业人员掌握行业知识、业务要求及流程,社会大众了解行业相关标准规范和国家相关政策,提升新闻出版行业的服务与管理水平,在重庆市文化委员会的大力支持下,由重庆市出版工作者协会牵头,聚集业内相关专家学者、行业管理人员等,组织编写一套可供新闻出版从业人员、社会大众和新闻出版管理人员学习、运用的实用性知识技能丛书——“新闻出版实用知识丛书”,这是重庆新闻出版人对出版认识的理性积累和宝贵经验的总结。

“新闻出版实用知识丛书”不是一套新闻出版专业技术人员职业资格考试辅导教材,而更多的是一套面向新闻出版行业,为从业者与行业管理者终身学习服务的工具书。它的出版对进一步推动我市乃至全国新闻出版专业技术人员的政治、业务学习和加强新闻出版人才队伍建设将发挥积极的作用。

丛书涵盖面广,分为《图书出版》《报刊出版》《数字出版》《音像电子出版》《著作权与版权贸易》《出版物印刷》《出版物发行》7 册,每册力求做到密切结合新闻出版工作实际,注重突出基础知识、基本技能。丛书的编写融出版行业相关国家政策、行政管理法规、出版各环节实际操作于一体,有较强的实际操作性。丛书采用针对性更强的一问一答的形式进行编写,一看就会,一学就懂，使丛书面向更广的读者群体。

丛书的内容重在从业人员必须掌握的新闻出版行业法律法规、从业的基本知识和基本技能；丛书的编写也更加突出工作中应掌握的相关知识、从业者希望了解的知识和服务机构经常被咨询与受理的疑难问题。简而言之，丛书内容既有从业人员必须掌握的知识和技能，也有管理部门应告知服务对象的相关政策，是新闻出版行政管理人员、出版专业技术人员的常备工具书。

丛书内容繁多，尽管我们尽量吸收了目前最新的政策法规、吸纳了行业同人的意见和建议，但部分内容特别是一些政策法规会在改革中不断变化，加之编者水平有限，书中的错漏不足之处难免，还望读者批评指正。

重庆市出版工作者协会

报纸和期刊是最传统最大众的传媒载体。报刊传递信息、传播知识、舆论宣传、教育民众的作用为经济社会的发展提供了智慧和力量。即使是数字传媒如此普及的今天，报刊的功能依旧不可替代。

《报刊出版》是“新闻出版实用知识丛书”之一。按丛书编撰要求，该书以介绍报刊出版从业知识技能为主要内容，立足服务于报刊出版行业从业人员和管理人员，以及想了解报刊出版知识的读者。内容包括：报纸和期刊的基本知识、报纸和期刊出版各环节的基本技能、报纸和期刊出版的管理、与报纸和期刊有关的人员机构以及内部资料的管理、报纸和期刊有关法规政策的解读等。全书采用问答式编写，通过对问题的具体回答逐步展示报纸和期刊出版的方方面面。全书力求做到言简意赅，富于操作性，是一本适用性较强的工具书。

参加本书编写和审定的人员中，既有长期从事报纸和期刊编辑出版实际工作的一线工作者，也有长期从事报刊出版管理的工作人员。编撰过程中，编写者尽可能突出适用的目的，强化“怎么做”，淡化“为什么”，相信会对读者有所裨益。

编撰中难免还有缺陷，欢迎读者批评指正。

目录

CONTENTS

第一部分　报纸出版

三、期刊出版管理 / 162

附 录

后 记

第一部分 报纸出版

一、基本知识

1.什么是报纸？报纸有哪些类型？

报纸，是指有固定名称、刊期、开版，以新闻与时事评论为主要内容，每周至少出版一期的散页连续出版物。

报纸的分类有多种角度，根据不同的途径有不同的分类方法：

(1)以报纸内容分，可分为综合性报纸和专业性报纸，前者如《人民日报》《文汇报》等，后者如《中国健康报》《中国机械报》《中国商业报》《中国科学报》《中国少年报》等。

(2)以读者对象分，可分为《中国少年报》《中国青年报》《中国老年报》《工人日报》《中国妇女报》《农民日报》等。

(3)以发行范围分，有全国性报纸和地方性报纸，前者以全国的新闻为报道范围，向全国各地发行，如《人民日报》《光明日报》等，后者以报道某一地区新闻为主，并主要向该地区发行。

各省(自治区、直辖市)的党委机关报以及地、市、县报,都属于此类报纸。

(4)以出版时间分,有日报、晚报、周报和星期刊报。日报:大多是全国性报纸和各种机关报,在每天上午发行。晚报:每天下午或傍晚发行。周报:每周发行一次。星期刊报:大部分依附于大报,一般在周末发行,如《中国青年报》的《星期刊》、《南京日报》的《周末》、《天津日报》的《采风报》、《湖北日报》的《楚天周末》等。

(5)以版面大小分,有大报和小报之分,大报一般指对开报纸,小报一般指四开报纸。

(6)以所使用的文字分,有中文报纸和外文报纸、汉文报和少数民族文字报纸。

2.什么是报纸的版面?

报纸的版面指的是报纸各版的页面。它由各类稿件(文字稿、图片稿等)组合而成。这些稿件经编辑人员选择、加工,并根据一定的宣传报道主题组织在一起,集中体现报纸的宣传报道意图。

3.什么叫报纸的开本、版序、版组?

单页出版物的大小叫开本。报纸的开本是以全张白报纸作为基数来计算的。通常把一张按国家标准(我国一般通用的是787mm×1092 mm)分切好的平板原纸称为全开纸,全开纸对折裁切后的幅面称为对开或半开,把对开纸再对折裁切后的幅面称为四开,以此类推,可裁为八开、十六开、三十二开等。幅面大小为对开的称为对开版,幅面大小四开的称为四开版。

版序,即报纸版面的先后次序。如第一版、第二版、第三版……

版组，即版面的内容分工。如时政版、体育版等。

4.什么叫报头、报眉、报眼、报尾？

报头是指报纸第一版放报名的地方，通常放在上角或上端中央。横排报纸大多在上端偏左，坚排报纸大多在上端偏右，也有把报头放在上端正中的。

报眉，即眉线上方所印的文字，包括报名、版次、出版日期、版面内容标识等。

报眼，一般被安排在报头的两侧或右侧，通常被用来刊登比较重要的文字、图片及简短而又相对独立的稿件；也有的刊登当日的内容提要、天气预报、日历与广告等。

报尾是用来集中标明报社地址、电话等一些报社具体信息的部分。通常放在第一版或最后版的底部，通栏宽。

5.什么叫版心、报线、中缝？

报纸版面除掉四周应留的空白外，中间容纳文字和图片的部分叫版心。它的面积小于版的面积。各类稿件的编排布局都在版心范围内进行，最终在版心的面积上形成整体，所以版心也就是通常所说的版面。

报线，指版心的边线。多数报纸只有上端的边线，其宽度与版心相同，叫天线，又叫眉线；只有最后一版既有天线又有地线。

中缝是指报纸左右两版之间的狭长部分。

6.什么叫栏、行、通栏、变栏、破栏？什么是通版？

栏，就是报纸每个版面上用线条或者空白隔开的各个部分。面积均等而又相对固定的栏称之为基本栏。

行，在每一栏中，以文字排列成行的称为行。行的数量因报纸幅面、所用铅字大小和基本栏多少的不同而不尽相同。

通栏，就是自上而下或自左至右并成一行。通栏只用于标题，文字排通栏因阅读极为不便而被视为禁忌。

版面文字如果都以基本栏排列，就会较为单调，因此需要适当采用变栏。变栏有将基本栏成倍合并的，通常称之为长栏；也有将基本栏非成倍合并的，通常称之为破栏。

通版，指报纸同一个版面上两个相邻的版而形成的版，通版的面积包括两个版和这两个版之间的中缝，常用于报道重大事件和新闻。

7.报纸出版时须在每期固定位置标示哪些版本记录？

报纸出版时须在每期固定位置标示如下版本记录：

(1)报纸名称。

(2)报纸出版单位、主办单位、主管单位名称。

(3)国内统一连续出版物号。

(4)总编辑(社长)姓名。

(5)出版日期、总期号、版数、版序。

(6)报纸出版单位地址、电话、邮政编码。

(7)报纸定价(号外须注明“免费赠阅”字样)。

(8)印刷单位名称、地址。

(9)广告经营许可证号。

(10)国家规定的涉及公共利益或者行业标准的其他标识。

8.什么是报刊的国内统一连续出版物号？

国内统一连续出版物号又称国内统一刊号，是国家新闻出版行政部门负责分配给连续出版物的代号。由报刊登记号和分类号两部分组成，前者为国内统一刊号的主体，后者为补充成分，其间以斜线“/”隔开，结构形式为：CN 报刊登记号/分类号。

CN 为 GB/T 2659—2000 所规定的中国国名代码。

报刊登记号为定长的 6 位数字，由地区号(2 位数字)和序号(4 位数字)两部分组成，其间以连字符“－”相接，亦即报刊登记号＝地区号＋序号。地区号按 GB/T 2260—2007 所规定的省、自治区、直辖市地区代号给出。连续出版物较多的北京地区，当地区代码“11”使用完毕后，北京地区的连续出版物使用“10”为扩充代码。各自治区、直辖市的地区代号如下：

10	北京市（扩充代码）	41	河南省
11	北京市	42	湖北省
12	天津市	43	湖南省
13	河北省	44	广东省
14	山西省	45	广西壮族自治区
15	内蒙古自治区	46	海南省
21	辽宁省	50	重庆市
22	吉林省	51	四川省
23	黑龙江省	52	贵州省
31	上海市	53	云南省
32	江苏省	54	西藏自治区
33	浙江省	61	陕西省
34	安徽省	62	甘肃省
35	福建省	63	青海省
36	江西省	64	宁夏回族自治区
37	山东省	65	新疆维吾尔自治区

报刊登记号的后 4 位序号为地区连续出版物的序号，一律从 0001～9999，其中 0001～0999 统一作为报纸的序号，1000～4999 统一作为期刊的序号。

分类号作为国内统一刊号的补充成分用以说明报刊的主要

学科范畴，以便于分类统计、订阅、陈列和检索。分类号主要用于期刊。

9.什么是广告经营许可证号?

报纸开展广告经营时，须办理《广告经营许可证》。《广告经营许可证》是广告经营单位从事广告经营活动的合法凭证。《广告经营许可证》分为正本、副本，正本、副本具有同样的法律效力。《广告经营许可证》载明证号、广告经营单位(机构)名称、经营场所、法定代表人(负责人)、广告经营范围、发证机关、发证日期等项。广告经营许可证号即《广告经营许可证》上载明的证号。该证号须在报纸出版时标注在报纸版面上。

10.报纸有哪些常用的字体和字号?

报纸的字体主要有三大类:宋体、黑体、楷体。在报纸版面设计中，为追求版面效果，一些标题或文字也使用其他字体或美术字，但主体一般是宋体。

标题一般为方正粗宋简、方正超粗黑简、方正大黑简，11 号。

内文一般为方正报宋简、方正楷体简、方正黑体简，6 号。

11.什么叫版样、大样、清样?

版样:报刊版面的总体设计图样，是编辑组版思想的产物，拼版工作要据此拼出报刊的样张。版样有两种，一种如报纸版面大小，一种按报纸比例缩小，称为袖珍版样。

大样:报纸版面拼好后打印出来的，供编辑进一步修改、订正用的样张，又称为拼版样。

清样:版面已经改正清楚、不必再校对的样张。

12.什么叫头条、双头条、倒头条、假头条?

头条，指报纸的一个版上最重要的新闻稿件，通常都放在最显著的版位，并运用多种编排手法加以突出。头版头条，一般置于头版上端偏左、偏右或居中的位置。版面头条一般置于该版上端偏左或居中的位置。

双头条，指在报眼位置或版面右下方刊登一条与头条同样重要的稿件，形成“双头条”。其特点是两个头条的标题同样突出，图片、围框使用等造成的强势均等，都是最大。

倒头条，双头条的一种，即在版面右下方与头条同等规格处理的重要稿件。

假头条，处于版面重要位置，但实际并非头条的稿件。一般位于真正的头条之上、之左，标题小于头条，涉及重要人物、机构、活动。

13.什么是专栏？什么是题花？

专栏，是指由一些具有某种共同点的文章构成的自成格局的局部版面。

题花，专为报纸的某个专栏而设计，题花好比专栏的眼睛，精美的题花能起到美化专栏、为版面增色的效果。

14.报纸的编辑出版流程包括哪些环节？

一般来说，一张普通的报纸在编辑出版过程中主要有以下流程：

(1)策划、准备。

(2)制订时间表。

(3)采写与收稿。

(4)编辑、校对、组稿。

(5)审稿。

(6)设计排版。

(7)定版。

(8)审查付印。

(9)发行。

15.报纸版面内容有哪几大类？

报纸版面内容可归纳为文字、图片、广告三大类。其中文字、图片稿件的来源主要有以下几个途径：记者采访、通讯员等投稿、新华社电稿、网络下载、报社相互间交流等。广告来源为：客户上门要求登载、各广告公司组稿、报社广告部门组稿等。图片是新闻表述的重要形式，也是版面中重要的组成部分，常被称为报纸版面的眼睛。图片主要有新闻照片、绘画、图表等。

16.报纸的主体是什么？

报纸的主体是新闻，报纸又称新闻纸，是以刊登新闻为主而得名的。

17.什么是新闻？新闻有哪五要素？

新闻概念有广义与狭义之分。广义上：除了发表于报刊、广播、互联网、电视上的评论与专文外的常用文本都属于新闻，包括消息、通讯、特写、速写（有的将速写纳入特写之列）等；狭义上：用概括的叙述方式，以较简明扼要的文字，迅速及时地报道附近新近发生的、有价值的事实，使一定人群了解。

新闻五要素即新闻的五个W，指一则新闻报道必须具备的五个基本因素，分别为何时（when）、何地（where）、何事（what）、何因（why）、何人（who）。这是新闻中不可缺少的五个方面，是对新闻报道的基本要求。

18.报纸新闻有哪些类别？

报纸新闻根据不同分类标准，可分为不同种类，主要有：

（1）按事实发生状态分：有突发性新闻、持续性新闻、周期性新闻。

（2）按事实发生与报道的时间差距分：有事件性新闻与非事件性新闻。

(3)按新闻发生的地区与影响范围分:有国际性新闻、国内性新闻、地方性新闻。

(4)按新闻事实的材料组合分:有典型新闻、综合新闻、系列新闻。

(5)按传播渠道与信息载体分:有文字新闻、图片新闻、电声新闻、音像新闻。

(6)按反映社会生活的内容分:有政治新闻、经济新闻、法律新闻、军事新闻、科技新闻、文教新闻、体育新闻、社会新闻等。

19.一则标准的报纸新闻包括哪些组成部分?

新闻在结构上一般包括标题、导语、主体、结语和背景五部分。前三者是主要部分,后二者是辅助部分。

新闻标题即新闻的题目,是在新闻正文内容前面,对新闻内容加以概括或评价的简短文字。其字号大于正文,作用是显示新闻内容,吸引读者阅读。

导语,一般指电头后的第一句或第一段文字,用来提示消息的重要事实,使读者一目了然。

主体,随导语之后,是消息的主干,是集中叙述事件、阐发问题和表明观点的中心部分,是全篇新闻的关键所在。

结语,一般指消息的最后一句或一段话,是消息的结尾,它根据内容的需要,可有可无。

背景,是事物的历史状况或存在的环境、条件,是消息的从属部分,常插在主体部分,也插在导语或结语之中。

20. 什么是新闻标题的主题、引题和副题?

新闻标题从结构上来分,有两种形式,即单式题和复式题。单式题一般由一行式主题构成,也可以由双行式主题构成。复式题一般由两个或两个以上新闻标题按一定的规律组合而成,常见的有引题与主题的组合式,主题与副题的组合式,引题、主题与副题的组合式。

主题又称标题，是多行题的主体，字号最大、最醒目，地位最突出。常用于概括和提示新闻中最主要的事实或思想，是新闻内容的精华所在，或者是编者以为需要强调的东西。

引题又称眉题、肩题。用于多行题中，置于主题之前。其作用是将新闻中的一个侧面作为前导引出主题，同时负有辅助阐明主题思想的任务。常用于交代背景、说明原因、烘托气氛、揭示意思。

副题又称子题、辅题。常用于多行题中，位于主题之后。常用于补充交代新闻中的次重要事实，补充主题的不足或证实主题，也用于说明问题、背景、来源或根据。较之引题，副题一般是实题。除新闻外，通讯、特写、调查、社论也可采用副题，用于解释主题，交代具体的事实要素。

21.什么是报纸的社论？什么是新闻评论？

社论，是新闻评论的一种，是最为重要的新闻评论和舆论工具，是报纸编辑部就重大问题发表的评论。

新闻评论，是社会各界对新近发生的新闻事件所发表的言论的总称，是新闻媒体对当前重大的新闻事件或重要的社会问题发议论、讲道理、明是非的一种议论文体。新闻评论在舆论监督中处于一种显要的地位，在弘扬先进思想和精神的同时，还要不断揭露和抨击各种腐败现象和不正之风，对不良之风和现象形成强大的舆论压力。

22.什么是导读？什么是通稿？

导读，近几年出现的一种标题形式，它类似于 20 世纪 80 年代中期出现的标题新闻，主要是通过版面元素的组合，引导和方便读者阅读，为读者快速了解报纸内容提供指南的一种新闻样式。一般放在版面醒目位置，在“厚报”时代比较常见。

新闻通稿起源于美国，原是一些新闻通讯社的专利。新闻通讯社在采访到重要新闻后，会以一种统一的稿件方式发给全国的媒体，媒体再转发该新闻。发展到现在，很多企业在对外发布新闻时，为统一宣传口径，也会组织新闻通稿。新闻通稿是一个传播术语，具有覆盖范围广、传播速度快、真实性强的特性。

新闻通稿基本都是模仿平面媒体的稿件形式来写的，按照基本的形式来分，可以分为消息稿和通讯稿。

23.什么是副刊？什么是专版？

副刊，是报纸上用文学体裁反映社会、文艺色彩较浓、能给读者提供美的享受的固定版面，定期出版，一般有刊名，有别于新闻的版面和栏目。如《重庆日报》的《两江潮》等。

专版，就是在一个版面上刊登同样主题的稿件或者图片、漫画等，突出表现一个主题，形式多样。

24.什么是特刊？什么是号外？

特刊，指报纸为纪念某一节日、事件、人物等而编辑出版的一期或一版。

号外，指定期出版的报纸在前一期已出版、下一期尚未出版的一段时间内，对发生的重大新闻和特殊事件，为迅速及时地向读者报道而临时编印的报纸，因不列入原有的编号，故而得名。

25.一家正规报社有哪些部门？

一家正规的报社一般分设有编委会、编辑部、新闻部、评论部、夜编部、发行部、广告部、总编室、考评办、通联部等部门，报社根据所出版报纸的内容可有不同的设置。

26.什么是报纸编委会？编委会的主要职责是什么？

编委会是编辑委员会的简称。编委会通常由正副总编辑和一些重要编辑部门的负责人组成。编委会是报纸编辑部的领导机构，主要负责学习并研究宣传中央的路线、方针、政策，执行上级指示，完成各项新闻报道任务；审议和制订编辑部定期或专题的报道计划，并组织实施；组织相关业务研究、人才培养等工作。编委会的主要职责是：

(1)制订和执行办报方针，并在实施过程中起监督作用。

(2)对报纸编辑部工作以及稿件质量进行指导和把关。

(3)组织策划采访报道选题。

(4)加强对报纸的宣传，提高报纸的影响力。

(5)培养和发现人才，壮大采编队伍，充实编审力量。

(6)收集反馈意见，总结办报经验。

27.如何组建报纸编辑部？编辑部的主要职责是什么？

编辑部可按管辖范围和责任大小组建，包括：总编辑、编辑部主任、版面主编、编辑、校对等。

编辑部可按业务程序划分组织，包括：日班编辑，即编辑部内组织日常宣传报道的人员；夜班编辑，负责每天报纸最后发排工作的编辑；编务，即负责编辑部内部业务事宜的工作人员。

编辑部还可以按编辑内容的专业组建，分为时政部、文教部、经济部、体育部等。

编辑部是新闻出版机构负责编辑业务的综合性部门。有些编辑部还负责采访、编辑与通联(通讯联络)的全面工作。

28.报纸的记者与编辑各自的职责是什么？

媒体从事信息采集和新闻报道工作的人通常称为记者，记者属于职业的一种。记者的职责与任务，可以说是多方面的，主要有三点：第一，敏锐地去发现事实；第二，忠实地去报道事实；第三，当好党和人民的耳目喉舌。

文字编辑的主要职责是报纸的选题策划、组稿约稿、相关稿件的编辑工作。

组版编辑需完成每期报纸的设计、排版工作。

二、报纸的编辑出版

(一)报纸内容策划

1.如何明确一段时间内报纸的宣传报道思想?

报道思想是一定时间内组织宣传报道的指导思想,包括报道的内容、范围、重点和具体要求,是进行采访活动的依据和出发点。报道思想的确立来自三个方面:(1)党的方针和政策;(2)编辑部的报道提示;(3)广大群众、通讯员以及有关部门提供的新闻线索和背景情况。

2.什么是新闻报道策划?

新闻报道策划,是新闻编辑为使某些报道选题获得预期的传播效果,对新闻报道活动进行规划和设计,并且在报道实施过程中不断接收反馈,修正原先设计的行为。

从实际操作的层面上看,新闻报道策划之所以能够存在,是由于新闻资源具有可被认识、开发、配置、转换和利用的特性。

新闻报道策划既不能脱离客观存在的新闻事实而凭空产生,也不能摒弃报道主体的主观意识而运行。新闻报道策划要有可受性,策划的选题必须是大多数受众想知道的、应知道的;要有时新性,对于事件性报道,要有较强的时效性,对于没有准确时间要素的非事件性报道,可在特定时间坐标系或特定背景下实现其时新性;要有深度,对客观事实应有整体把握,并具有高屋建瓴的宏观认识,以开阔的思维去观察和思考,宏观把握,微观着手;要有前瞻性,做到准确把握热点,要求编采人员具有高度的新闻敏感,要将新闻触觉伸展到各个角落,要做全天候的新闻人;策划中要体现忧患意识和人文情怀。

3.在新闻报道策划中如何选定主题？

新闻报道策划中主题的确立往往建立在掌握种种资料和整合种种资源的基础上。

一个新闻可以从不同的角度来做，不同的角度有不同的重点，不同的角度会产生不同的方案，所以一般在讨论后都要从多个方案中选择并确定一个主题而不是多个。

而确定这个主题的标准即新闻价值的大小，即追求新闻价值的最大化。这里所形成的主题往往比较宽泛并有待于进一步细化。必须说明的是，在最初的讨论时期，主题的宽泛有利于从多个层次展开新闻采访活动。

4.日报类的报纸与周报类的报纸在选题的选定上有何不同？

每天出刊的日报类报纸，在选题的选定上更讲求时效性和预见性。而相对来说，周报对时效性的要求没有那么强，但在深度上要求更高。

5.新闻报道策划包括哪些种类？

新闻报道策划关注的主要有三类选题：(1)可以预知的、有重大社会影响的活动和事件性或非事件性新闻。(2)非可预见、有重大社会影响的突发性事件，需要在及时发出第一条消息的基础上进一步进行跟踪报道。(3)新闻媒介自己设立的重要问题性报道、活动性报道。

这三类新闻选题有一个共同的特点，就是选题本身的潜在社会影响力及其内容的复杂性决定了报道不能停留在简单、肤浅的层次上，而必须对报道客体进行充分的发掘、展示和分析，以多个稿件在空间或时间上的组合，使受众从多种角度、多个层面了解事物的全貌和本质。

6.新闻报道策划的参与主体是哪些?

新闻报道策划的参与主体主要包括以下几个层次:

第一层次是总编辑策划。总编辑就是总策划,重点抓带全局性的策划,在新闻报道策划活动中起主导作用。

第二层次是部门主任策划,包括部门编辑策划。部门主任、编辑的积极性,是做好新闻报道策划不可忽视的重要因素。

第三层次是记者策划。总编辑、部门主任在报道方面的策划,最终要通过记者的采写工作去实现。也就是说,记者是新闻报道策划的实施者,同时,记者也应该是策划主体的一个层次。因此,记者既是新闻报道策划的实施者,又是参与者。

7.进行新闻报道策划需要做哪些准备工作?

首先,要全方位地收集与选题相关的新闻素材,素材收集得越多,对策划的帮助越大。

其次,对收集到的素材进行进一步的研究,从中发掘最有新闻价值的东西。

再次,准备召开选题会议,会议上参与人员充分讨论选题。

8.如何进行新闻报道策划?

一般来说,新闻报道策划大体分为以下五个步骤:

(1)确定主题。主题的选择是整个新闻报道策划的灵魂,是统率整个活动的思想纽带和思想核心。

(2)确定体裁与风格。体裁关系到报道的性质。可以选择解释性报道或是预测性报道、调查性报道的新闻体裁,也可以在分析研究的基础上提出对策性很强的研究报告,还可以策划为整合报道或是连续报道、组合报道。

文章的风格,关乎文章的外在表现形式,更重要的是它可以产生独特的叙事修辞。在风格策划的细致之处,甚至会涉及是否采用倒叙写法，要不要“编者按”等，如何对待日常用语、科学用语，重视讲故事还是重视说服力这一类细微的问题。

(3)确定文章的结构。一个重点策划，有可能是由数篇文章组成，为了构成整体宣传效果，文章的总体结构和每一个单元就需要仔细策划。有的策划以时间为序，有的策划按照文章的重要性来推出，还有的按照总—分—总的结构进行，形式较多，没有统一的格式。

(4)任务描述。这是一个对文章结构总体和每一个单元的任务做进一步细化的过程：每一单元将会包括哪些内容？具体要采访什么？难点和重点是什么？成稿后的面貌如何？等等。对于职业新闻记者而言，任务的描述无异于是对相关文本的工作量的描述。

(5)分工与计时。具体分工包括：基于文本单元或者采访工作的不同侧面，把采访对象和采访内容分配到每一个相关人员，提出注意事项。

分工的策划将会最终形成两张表：任务人表和日程表，交与主持者和每个相关人员共享、掌握。

任务人表使参与者有章可循，主持者通过对任务人做必要的讲解、认真的督促，为新闻活动保驾护航。

日程表主要用于时间的控制，一般以时间进度表(倒计时)的方式来表现。时间的安排要合理，在考虑新闻同业竞争的同时也要留有余地，一般来说，日程表上前面的时间进度较紧凑，后面可以留一些时间出来调整。

9.如何及时地调整、修改新闻报道策划？

策划在实施过程中有可能随着记者的深入采访而发现新的问题，甚至和原有的策划报道方案有很大出入。此时记者应第一时间向后方报道负责人汇报，根据实际情况及时更改、调整策划方案。

(二)新闻采访与写作

1.什么是新闻采写?什么是新闻采访?

新闻采写,就是指新闻采访和写作。

新闻采访是指记者为获取新闻而对客体所进行的观察、询问、倾听、思索和记录等活动,是新闻写作的前提,是一种特殊的调查研究。新闻采访是新闻传播的起点,采访使新闻写作在摄取素材方面有别于文学创作,新闻采访体现了记者职业的重要特点。

2.记者如何判别新闻价值?

新闻价值是选择和衡量新闻事实的客观标准,即事实本身所具有的足以构成新闻的特殊素质的总和,素质的级数越丰富越高,价值就越大。也有一种观点认为,新闻价值主要是指新闻事实的政治价值,即它对人民群众的启发、教育作用,对实际工作的指导作用等。还有一种观点认为,新闻价值是新闻机构发布的新闻在群众中受到重视的程度。

新闻价值的要素包括:

(1)时新性,即客观事实发生的新近性及事实内容的新鲜性。

(2)重要性,即事实对受众的影响程度,受影响的受众的数量多少,以及事实对社会的影响时间的长短、影响空间的大小。

(3)显著性,包括新闻人物的显著性、事情本身的显著性。

(4)接近性,既包括物理距离又包括心理距离。

(5)趣味性。

3.新闻记者如何增强新闻敏感?

新闻工作是一项实践性很强的劳动,新闻敏感是通过实际工作锻炼培养出来的。不深入实际，新闻敏感就无从得来。培养新闻敏感，从三个方面入手：

(1)社会责任感和政治敏感是培养新闻敏感的前提。记者要具备社会责任感和政治敏感度。要对党的路线、方针、政策有总体把握和全面理解，这是新闻敏感的核心所在。新闻记者的社会责任感越强，触及新闻敏感的机会就会越多，工作积极性也就越高。

(2)丰富的实践经验和知识储备是培养新闻敏感的基础。在日常工作、生活、学习中留心观察，用心思考，用心积累知识，关键时候就会得心应手。

(3)善于观察和学习是提高新闻敏感的重要途径。新闻记者既要观察有形的事物，又要观察无形的东西。新闻记者不仅要看到常人读不出、看不到的东西，还要从常人习以为常、司空见惯的东西里发现有价值的新闻，从平常的外表下挖掘出深层的内涵。

4.什么是新闻线索？新闻线索从何而来？

新闻线索也称采访线索、报道线索，是指为新闻采访报道提供的有待证实、扩展和深化的讯息，它给新闻记者提供了到哪里去采访、采访什么的大体方向。新闻线索不等于新闻事实，是记者发掘题材的一种凭据。

获取新闻线索，有以下几种途径：

(1)发布新闻的党和政府的有关机关提供线索，或者是编辑部向记者提供新闻线索。

(2)到基层单位去寻找线索，这是获取新闻线索的主要渠道。

(3)来自基层的广大通讯员和读者(受众)提供的新闻线索，这是一条广泛获得新闻线索的渠道。

(4)来自记者的发现、寻找和挖掘。

寻找新闻线索不能完全依赖他人提供,更多的是记者自身的发现、寻找和挖掘。常见的渠道包括:捕捉相关新闻媒体的报道,浏览互联网的最新报道,广交各方朋友,重视新闻热线,制作特殊日历,重大节日、纪念日、人物日志、季节变化,等等。对记者来说,这些都是重要的新闻源。

(5)参加各类会议,从领导讲话、会议文件和有关工作简报上寻找新闻线索。这是较常见的一种获取线索的渠道。

5.常见的采访方法有哪些?

采访的方法多种多样,常见的有以下六种:

(1)现场观察,指到会议现场、活动现场、突发事件现场,以及其他发生新闻的现场做采访调查。

(2)个别采访,即向新闻人物和掌握新闻的人物收集新闻素材,新闻记者的采访一般都离不开个别采访。

(3)开座谈会,围绕一个报道的内容,邀请当事人、了解情况的人,或是有代表性的人一起座谈,从而进行采访。

(4)蹲点调查,适用于人物、典型事迹、重要题材等方面的报道,它要求记者对所选择的“点”进行由表及里、由浅入深的较全面深入的采访。

(5)查阅文字材料。查阅各种书面材料,如会议记录、工作总结、信件、日记等,了解事件的梗概。

(6)电话采访。这是被采访者不在当地,或者确实无法与被采访者面谈,而不得已采取的一种采访方式。其优点是抢占了时间的先机,缺点是因为是电话交谈,无法畅所欲言。

6.开展采访活动需要做好哪些采访准备?

采访必须明确报道思想,做好准备工作。采访前的准备包括：学习领会有关方针政策，研究采访题材与对象，查阅有关资料，了解背景情况，以往经验的汇集，技术与设备的筹备，以及访问计划、实施方案的拟定等。

7.采访过程中有哪些注意事项？

采访是一门技术，需要在提问、态度和言行上重视。

（1）提问。应就所提问题在采访前列出提纲，对当事人的基本情况进行初步了解，区别不同情况，对不同对象采取不同的问法。采访提问时，要避免问一些大而无当、不合时宜的问题，可以从具体的小切口入手，让被采访者容易开口。

（2）态度。采访时态度要真诚，尊重被采访者，不卑不亢，理性客观，做好采访笔记。

（3）言行。注意自己的形象，不要迟到，借用采访对象的材料、物件要如期归还。

8.怎样在采访过程中确定主题？

在采访之初，记者的主要任务是最大量、最充分地了解情况、掌握素材，摸索、发现主题，继而随着采访的深入，从酝酿主题到选择主题、提炼主题、深化主题，最终确立主题。

9.什么是独家新闻？独家新闻有何特点？

独家新闻是指由一家新闻媒体发出的具有较高新闻价值的新闻。

独家新闻具有如下特点：

（1）独有的新闻事实。

（2）独有的远见和时效。

（3）独有的地方特色。

（4）独有的问题。

（5）独有的视野。

(6)独特的角度。

(7)独特的见解。

(8)独有的深度。

(9)独有的结构。

10.如何采访名人?

对名人的采访是新闻工作者(记者)最常见的工作,采访名人要做好以下几点:

(1)采访名人前,要做足“功课”,了解他因何而出名。

(2)对于名人所在的专业领域,要有一定的了解。

(3)提的问题可以是大众关心的,也可以是相对专业的。

(4)采访名人的朋友、家人,以增加对名人的了解。

11.时政新闻采访应注意哪些事项?

时政新闻是指对国家政治生活中新近或正在发生的事实的报道。时政新闻具有政治性、政策性、广泛性、信息性、时效性等特点。

时政新闻记者需要立场坚定、头脑冷静,实事求是、保持真实,作风踏实、深入实际,宏观选题、微观选材,知识广博。

时政新闻采访要把握以下几点:

(1)遵守由上至下的采访原则。把相应的政策当成接下来采访的导向,由政策指引采访。(2)要有全局意识,站在整体的高度去看待采访的问题,确保时政新闻采访的线、面的结合。(3)紧抓具备鲜明特点的采访细节和内容,彰显出新闻采访报道的特殊之处。(4)全方位采访,使新闻更加立体化。(5)有效加强对比,提高采访效果和新闻说服力。

12.如何做好经济新闻的采访?

经济新闻是对新近发生的具有新闻价值的经济活动或经济

工作事实的报道，是有关生产、流通、分配、消费等一切经济领域新闻的总称。

经济新闻有广义和狭义之分。广义的经济新闻包括经济消息、经济通讯、经济调查报告和经济时事评论等文种；狭义的经济新闻专指经济消息。

经济新闻相对比较专业，做好经济新闻报道，应做到如下几点：

(1)学习、掌握社会主义经济建设的理论和政策。

(2)熟悉经济领域的基本知识和情况。

(3)善于从业务技术堆里跳出来。采访中，记者要善于抓问题、抓事实、抓角度、抓趣味、抓通俗。

13.如何做好文化新闻的采访？

文化新闻的采访要求如下：

(1)体现文化新闻的特点，文化新闻报道应有文化味。

(2)强调现场采访，剧场、舞台、展场……记者一定要到现场，而且要认真观察，这样写出来的报道才有现场感，让受众感受到艺术性。

(3)实事求是，准确评价。对文艺作品、舞台表演的评价要客观，不要滥用溢美之词。

(4)写作中加入背景，增加深度。记者在写稿时加入背景，可以令报道有深度和厚度。

14.如何做好社会新闻的采访？

社会新闻属于新闻的一种，是对涉及人民群众日常生活的社会事件、社会问题、社会风貌的报道。

与政治新闻、军事新闻、经济新闻、科技新闻、文化新闻相比，社会新闻具有社会性、广泛性、生动性、趣味性等特点。

社会新闻的采访要求：

(1)行动迅速。许多社会新闻都是突发的，记者一接到线索，应第一时间赶到现场采访。

(2)要有好奇心。虽然很多社会新闻都是突发的，但记者平时就应该对某些事物具有好奇心，对一些社会现象应多思考，这样才能遇事不慌。

(3)客观全面。做社会新闻报道切忌偏听偏信，应全面采访新闻中的当事人，客观报道。

15.什么是灾害新闻？如何采访报道灾害新闻？

灾害新闻是对灾害事件的报道，包括自然灾害和人为灾害。

灾害新闻具有很高的新闻价值，具有突发性、严肃性、客观性、科学性等方面的特点。

采访报道灾害新闻，一要灵活应变。灾害新闻有很强的不确定性，对灾害新闻的采访报道既要有预见性，也要做好应变预案，随时改变报道计划，及时应对灾害的突变，牢牢把握报道的主动权。二要有创新视角。在采写灾害新闻时，应力求创新，变换视角，切不可落于俗套，让人有似曾相识的陈旧感。三要有现场感。深入灾害现场非常危险，但只有深入现场，才能捕捉到最生动最真实的场景，才有可能挖掘到最感人的故事，才有可能真正写出受灾群众的心声，才有可能抓住灾害背后更深层次的东西。四要求真务实。对灾害新闻，读者更多的是希望了解损失，采访写作中必须以准确真实的报道维护报媒的公正性、权威性。

16.新闻体裁可分为哪几类？

新闻体裁大体分三类：

(1)新闻报道，有消息、通讯、新闻特写、新闻公报、调查报告、专访等。

(2)新闻评论,有社论、述评、编辑部文章、评论员文章、思想评论、理论文章等。

(3)副刊体裁,有散文、杂文、小品、诗歌、小说、剧本、报告文学、回忆录、曲艺等。

17.消息有何特点?

消息是以简要的文字迅速报道新闻事实的一种体裁,是最广泛、最常用的新闻体裁。消息报道事实一般比较单一,突出最新鲜、最重要的事实,文字简洁,时效性最强。

消息的特点是:

(1) 比较短,多为几百字,内容简明扼要,文字干净利落。

(2) 常有一段导语,开门见山,吸引读者。

(3) 叙事朴实、实在,通常一事一报,讲求用事实说话。

(4) 时间性强,注重时效,报道快速及时。

(5) 结构严密,层次分明。

(6) 交代必要的背景。

18.如何写好消息?

消息的结构比较固定、简单,大多数消息的结构都是"倒金字塔式"的,即最重要的材料放在开头,次要材料放在后面。消息的结构具体表现为:标题、导语、主体、结尾,并在文中穿插背景。

(1)标题。标题是消息的眼睛,拟写得好,可以吸引读者;拟写得差,一篇好消息也会被埋没。

(2)导语。导语是指一篇消息的第一自然段或第一句话。它是用简明生动的文字,写出消息中最主要、最新鲜的事实,鲜明地提示消息的主题思想。新闻导语的写作要求走出套路,简明扼要,不冗长,求特点,不能一般化;多用实词和富有动作色彩的动词，不要用抽象名词和难懂的术语；在交代新闻来源和新闻依据时，不出现长串人名、地名、官衔、机构名称等。

(3)主体。消息的主干部分，紧接导语之后，对导语做具体全面的阐述，具体展开事实或进一步突出中心，从而写出导语所概括的内容，表现全篇消息的主题思想。应按“时间顺序”或“逻辑顺序”写作，但仍然要先写主要的，再写次要的。

(4)背景。交代背景目的在于帮助读者深刻理解消息的内容和价值，起到衬托、深化主题的作用，也就是回答五个“w”中的“why(为什么)”。

(5)结尾。消息的结尾有小结式、启发式、号召式、分析式、展望式等。这些结尾的写作与一般记叙文结尾的写作并无大的不同。

19.什么是通讯？通讯包括哪些种类？

通讯是详细报道有新闻价值的人物、事件的一种新闻体裁。通讯是一种详细、深入的报道，也是一种具有多种表现方法的新闻体裁。通讯报道生动形象，具有感染力，其容量大、范围广、写法活。它所报道的内容是现实中具有典型意义的人或事，要有一定的思想性与群众性；选择的材料丰富多样、系统全面，有故事，有细节，有起伏；写作中综合运用叙述、描写、议论、抒情等多种手法。

通讯一般分为人物通讯、事件通讯、工作通讯、风貌通讯等。

20.怎样写通讯？

通讯以叙述描写的形象性、故事性和细致性与消息相区别，其写作的基本要求和方法有以下几点：

(1)叙事要有明确的目的性。

(2)事件情节的交代要清楚明了，线索要清晰。

(3)叙事要生动，灵活运用多种表现手法，突出重点，有详有略。

(4)在叙事中要选好人物,写人物时注意精练、生动形象。

(5)注重通讯的语言特点和细节描写:语言要求准确严谨,简明扼要,鲜明生动,具体真切,通俗易懂;多运用朗朗上口的群众语言。

21.什么是新闻特写、深度报道、人物专访等特色通讯?

新闻特写,是以描写为主要表现手段,截取新闻事实中某个最能反映其特点或本质的片段、剖面或细节,做形象化的再现与放大的一种新闻体裁。

新闻特写的写作要领:

(1)抓住生动的形象。

(2)抓住事物的特征。

(3)抓住情节的高潮。

(4)抓住富有特征的细节。

深度报道,是一种完整地反映重要新闻事件和社会问题,深入挖掘和阐明事件的因果关系以揭示其实质和意义,追踪和探索其发展趋向的报道方式。其报道形式包括单篇类和集合式。

人物专访,就某个人物或者某个问题进行的专门的访问。

22. 如何使用采访对象的话语?

在采访中,采访对象的话语存在临时性、随意性和口语化的特点,甚至有语句不连贯、逻辑不明确、语法错误等问题。在新闻写作中,对采访对象的话语是可以有所修改的,但改动必须符合规范,做到"形微变而神不变",一般这种改动只适用于间接引语。采访对象原话调整的基本规则主要有四条:

(1)原语有语病,不适用于书面表达,在忠于原话意思的同时,可以将其适当修改成没有语病的引语。

(2)表达模糊,不清不楚,可以适当修改使之表达清楚。

(3)多余字词可以删减。

(4)翻译外语或解释方言时,可以将其转换成符合读者阅读习惯的表达方式,但要进行必要说明。

23.如何写新闻评论?

写好新闻评论,首先要读懂新闻。要深入了解新闻报道的是什么事件,新闻发生的背景,新闻事件发生的过程,新闻的结果是什么,新闻事件反映出什么样的问题等。其次要选好点评的角度。新闻评论要切中要害,要针对新闻抓住事件的本质,准确提炼观点。再次要点评精当、独到,要鞭辟入里,以理服人。针对新闻所报道的事件,从理和法的角度去看待,然后旗帜鲜明、是非分明地把或褒或贬的态度表述出来,最后新闻评论要讲究艺术性。要认真选择表述的角度,力求新颖、独到,做到生动形象、文采斐然、言简意赅、干净利落,才能使人耳目一新。切忌陈旧、老套、死板。

24.新闻报道中如何注明消息来源?

报道中注明消息来源一般采用三种方式:

(1)明确交代信息来源。新闻稿件中涉及观点、数据等,需要明确交代消息来源。

(2)说明信息来源提供者的具体职务和姓名。对个人单位、职务和姓名的交代,一般会遵循这些规范:要准确,要核对名字的写法;不要滥用“资深”“著名”等太过拔高的形容词;有些消息提供者有多重身份,一般应选择与这次报道主题最相关的职务。

(3)转载媒体报道要说明来源。这是一种对版权尊重、对同行尊重的职业规范。

25.新闻记者如何预防虚假失实新闻的产生?

新闻记者开展新闻采访活动必须遵守国家法律法规,严禁编发虚假新闻和失实报道。

（1）境内所有新闻机构的新闻记者从事新闻采访活动必须坚持持证采访。在常规的新闻采访活动中应主动向采访对象出示新闻记者证表明身份，并自觉接受社会监督。

（2）新闻记者从事新闻采访报道必须坚持真实、准确、全面、客观、公正的原则，深入新闻现场调查研究，充分了解事实真相，全面听取新闻当事人各方意见，客观反映事件各相关方的事实与陈述，避免只采用新闻当事人中某一方的陈述或者单一的事实证据。

（3）新闻记者编发新闻报道必须坚持实事求是，不得发布虚假新闻，严禁依据道听途说编写新闻或者虚构新闻细节，不得凭借主观猜测改变或者杜撰新闻事实，不得故意歪曲事实真相，不得对新闻图片或者新闻视频的内容进行影响其真实性的修改。

（4）新闻记者报道新闻事件必须坚持实地采访，采用权威渠道消息或者可证实的事实，不得依据未经核实的社会传闻等非第一手材料编发新闻。

（5）新闻记者开展批评性报道至少要有两个以上不同的新闻来源，并在认真核实后保存各方相关证据，确保新闻报道真实、客观、准确，新闻分析及评论文章要在事实准确的基础上做到公正评判、正确引导。

26.报纸的新闻报道如何规范署名？

报纸新闻记者的署名，是新闻事实的重要组成部分。记者署名的真实性，是新闻报道可信度的重要保证。记者在报道中要署真名，以便使读者清楚地知道谁应该对报道内容负责。因各种原因记者不得不使用笔名或别名时，须经媒体认可并备案；若有关报道会威胁记者的人身安全而不得不使用化名时，须告知媒体批准。

记者处理的通讯员来稿和读者来函，也应署上记者真名。为了鼓励记者自采稿件，不鼓励与通讯员联合署名；凡采用了通讯员的稿件超过八成的，不许再署记者姓名；凡采用了通讯员稿件中部分内容的，要把通讯员的名字署在前面；联合署名的稿件，只按半条记工作量。在有多个署名的情况下，除非是信息提供方有特殊要求，一般第一个姓名应是该文执笔记者，以便告知读者谁是内容的第一负责人。

（三）稿件编辑与审核

1.什么是报纸编辑工作？

报纸编辑工作指编辑通过对一定的新闻信息进行策划、优先与组合，使这些新闻信息汇聚在新闻纸上，提供给读者想要的信息和享受，从而实现报纸的传播贮存功能。报纸编辑工作是一项由众多环节组成的系统工程，主要包括策划、编稿和组版三部分。策划是指报纸的整体设计和新闻报道的策划与组织；编稿是指分析与选择稿件、修改稿件和制作标题；组版是指配置版面的内容和设计报纸版面。

2.报纸编辑如何分类？

报纸编辑工作种类的划分较为复杂，划分的标准不同，编辑工作种类也不同。主要的划分方式有：

按管辖范围和责任大小划分，有以下几类：

（1）总编辑，采编部门总负责人。

（2）编辑部主任，编辑部下属各具体业务部门的负责人。

（3）版面主编，负责设计、组拼报纸版面的编辑。

（4）编辑，协助编辑部主任和版面主编工作，担负一定范围的稿件编辑任务的人员。

(5)校对,从事新闻出版过程中校对工作的专职人员。

按业务程序划分,有以下几类:

(1)日班编辑,编辑部组织日常宣传报道的人员。

(2)夜班编辑,负责每天报纸最后发排工作的编辑,因上夜班,故名。

(3)内务编辑,又称编务,是负责编辑部内部业务事宜的工作人员。

此外,新闻编辑工作还可以按编辑内容所属的专业划分,可分为时政编辑、文教编辑、经济编辑、体育编辑等。

3.新闻稿件有哪些来源?

一张报纸并非所有的新闻都来自该报记者的自采稿,一般来说,报纸的新闻主要有以下来源:一是通讯社提供的新闻;二是新闻媒体记者自己采写的新闻;三是媒体之外的通讯员或其他作者提供的新闻稿件;四是从其他新闻媒体上获得的线索与资料或可供转载的稿件。

4.编辑如何选择稿件?

编辑选择稿件要坚持新闻价值和新闻政策两个标准。新闻价值标准决定新闻事实值不值得报道,属于新闻选择的业务标准。新闻政策标准决定新闻事实允不允许报道,属于新闻选择的政治标准。

(1)新闻价值选择的标准:一是符合媒体受众需要,要考虑受众的兴趣与需要;二是符合新闻市场取向,要考虑一定时期新闻市场的需求和取向,也要防止在新闻传播中出现“只顾市场,不讲立场”的情况,一味地去迎合新闻市场需求,不考虑实际社会效果,导致新闻传播发生方向性的错误;三是符合记者经验积累,要经得起新闻价值理论与实践的检验和验证;四是符合社会、控制要求，符合自身所处社会的政治制度、法律制度、文化传统、社会理念、道德及价值观念等。

(2)新闻政策选择的标准：一是符合国家和人民利益，要考虑是否有利于维护国家和人民的根本利益，是否有利于促进国家和人民各项事业的发展；二是符合社会公共利益，要注意尊重公众的“知政权”和“知情权”；三是符合新闻传播规律。

新闻选择是一个十分复杂的过程，除了上述内容外，它还要受到新闻媒介及新闻传播者所处的各种内外环境及诸多主客观因素的制约和影响。如：国内外的政治、经济和文化环境；社会的文化及道德水准；民众的心理、心态及承受能力；新闻行业的从业规范与传播惯例；传播者自身的道德、涵养、能力；等等。

新闻传播者需要靠自己长期的经验积累，靠自己的新闻敏感和新闻悟性，靠自己对新闻政策与新闻价值理论的正确理解、对社会需要与受众需求的准确把握，在最短的时间内对自己捕捉到的新闻事实信息迅速做出鉴别、衡量和取舍，将那些最具有新闻价值，最能满足社会与公众需要，同时又最能体现新闻政策的新闻奉献给广大读者、听众和观众。

5.报纸稿件编辑加工如何审核把关？

报纸稿件编辑加工要求把好以下三个基本关口：

(1)把好政治关。编辑要不断增强政治敏锐性和政治鉴别力，牢固树立政治意识、大局意识、责任意识、阵地意识，始终保持清醒而冷静的头脑，做到大事面前不糊涂，原则面前不让步，高屋建瓴，保证报道的真实、准确、全面、客观。编辑稿件时，对涉及的政治问题，要认真分析，判断其观点是否正确，与党的路线、方针和政策是否保持一致。

(2)把好文稿质量关。一是文稿的观点是否新颖，是否显示了时代精神；二是文稿的价值是否具有较强的稳定性；三是文稿能否较好地满足读者需要，被读者认可。而要达到上述要求，就必须做到抓好选题，抓好组稿，抓好审稿，抓好稿件加工，等等。

(3)把好校对关。校对以校错改错为基本职责，对稿件文字差错、词语差错、语法错误、数字使用差错、标点符号使用差错、量和单位使用差错、版面格式错误、事实性错误、知识性错误与政治性错误进行修改。校对除了机械死板地改正明显的错别字及标点符号错误等外，还包括对版面、图片、文章布局、遣词造句的斟酌与修改。

6.如何为新闻稿件制作标题?

新闻标题的作用是概括和提示新闻的基本内容，帮助读者理解新闻的意义；揭示新闻事实的实质，表明编辑部的立场、观点与态度；促使读者产生阅读新闻报道的兴趣。为此，新闻标题的制作至关重要。

制作新闻标题一是要求准确。标题的准确，表现为主次反映得当，概括事实无误，遣词造句确切等。二是要求鲜明。鲜明包含两层意思：一是个性鲜明，二是态度鲜明。所谓个性鲜明，即有个性，有特色，新鲜可看；所谓态度鲜明，就是标题要对新闻事实表现出报纸的立场和看法。旗帜鲜明的标题，能够帮助读者明方向，辨是非，察真伪，识优劣，起到较好的宣传作用。三是要求生动。标题的作用只有通过人们的阅读才有可能发挥。这就需要把标题做得生动活泼，惹人喜爱。四是要求简练。标题不简洁、拖泥带水就会缺少气势和力量，标题要力求“一言理尽，两字穷形”。标题的准确、鲜明、生动和简练之间相互依存，密不可分，制作标题都要先求准确，然后才考虑鲜明、生动和简练。

制作标题，是新闻编辑的主要工作之一。要做到精心阅读稿件，分清主次，抓住要领，精心构思立意，准确遣词造句，仔细推敲。

7.编辑如何进行稿件修改？

修改稿件是编辑的经常性工作之一。新闻稿件的修改，即根据传播工具的特点和宣传报道的要求，在充分尊重作者的基础上，对原稿进行修改加工，使之准确、鲜明、生动地体现报道意图，并为广大读者所喜闻乐见。

修改稿件的要点是：突出主题，校正差错，修饰文字。要注意事实的客观性、观点的正确性和要素的完整性，还要尊重作者、排字和校对人员的劳动。

8.编辑在修改稿件中有哪些常用的方法？

修改稿件常用的方法有：

（1）校正。校核和修正稿件中的各种差错，包括事实、文字、观点等。

（2）压缩。删繁就简。

（3）增补。增加稿件需要的背景资料，需要与作者沟通并核实内容的准确性。

（4）改写。最好请作者自己改写，编辑人员可提出修改意见。

（5）综合。把几篇不同类型的文章综合成一篇稿件。

9.报纸图片选择的标准是什么？

报纸图片具有客观纪实、美化装饰版面、记录场景的作用。

报纸图片的选择标准包括：

一是有要“四性”，即新闻性、真实性、思想性、艺术性；

二是要有“五求”，即求真、求新、求活、求情、求意；

三是要有“三感”，即时代感、现场感和真情实感。

同时，图片也要求讲求构图、光线效果和表现力。

(四)版面编排与设计

1.版面的编排与设计主要有哪些工作?

版面的编排是指报纸版面稿件的布局,对报纸内容和形式起着重要的影响和作用,可反映报纸的风格和特色。故报纸版面的编排能集中体现报纸的宣传报道意图,能鲜明地表现编辑部对新闻事实的立场、观点与态度,被称为"报纸的面孔"。

版面的编排与设计工作概括起来,主要有两大方面:

一是安排稿件,指的是稿件在版面上所占位置的上下、左右及大小、多寡等相互关系的处理。安排稿件要注意主次分明、条理清楚;注意中心与一般的结合;注意处理好各类稿件之间的关系。

二是美化版面,指的是为稿件的布局"梳妆打扮",通过题文配合、图文配合以及长短块、大小题、横竖排的配文,再加上字体、字号、花线、花框、题花装饰和色彩的运用等,使版面的内容和形式完美结合。

版面的美化主要应注意以下几点:要醒目、要和谐、要美观、要大方、要新颖、要有变化。

2.组版的工作流程分为哪几个步骤?

组织版面大体分为以下几个步骤:

(1)通读全部稿件。包括文字稿件和图片稿件,包括新闻稿件和广告信息,通读后才可谋篇布局。

(2)明确组版版面的思想。编辑在组版之前,一定要搞清楚本期版面有哪些稿件、版面的中心是什么等问题,确定主题和思想。

(3)配置稿件。指通过对稿件的分类组合和补充搭配,来实现版面信息的优化呈现。

(4)构思版面轮廓。就是对组成版面的稿件的数量、顺序、类型、位置等做出大致的规划安排。

(5)计算字数。这是一项非常具体细致的工作,明确了版面思想后,接下来就是汇总当天见报稿件,每一篇的字数是多少,图片有多少,广告有多少,都要心中有数。

(6)设计版样。这是一项综合性的设计工作,设计出来的版样,就是本期报纸版面的设计图。

(7)电脑组版。排版人员按照版样将稿件准确地排入版面,并将样张打出供编辑和校对人员检查、校对、修改。

(8)结尾。确定版样后,版面内容还要经过三审三校,查错补漏,编辑人员还要认真看大样和清样,直到值班总编辑签字付印后,组版工作才算完成。

3.版面常用的编排方法有哪些?

版面编排常用的方法有:

(1)集中编排。

用较多的篇幅,把同一主题的多种稿件编排在一起,有时候是全版,有时候是大半个版或者是半个版等。这种版面稿件集中、主题突出、声势较大。

(2)连续编排。

在一定的时间内,报纸每天或者定期在相对固定的位置,安排一个主题的文章。这种编排有一定的连贯性,便于阅读和收藏。

(3)重点编排。

对一些单独而重要的稿件,做突出醒目的处理,比如放在重要的版面位置上、用大字标题等。

(4)对比编排。

在内容有可比性的前提下,把揭示同一事物矛盾双方的稿件安排在一起，以显示其差异，促使读者分析比较，从中得到启发。

4.如何做好一版的编排？

报纸的一版是最重要的版面，它是报纸的当家版面、门面版面，是整张报纸中分量最重、质量也最高的一部分，掌握舆论的主要导向，并重点体现报纸性质和特色。

办好第一版，需要强有力的采编力量。头版的编排，要选取有分量的头条、有新意的评论、精彩的通讯和特写、有特色的图片等，要让一张报纸最精彩、最有价值的新闻集中在头版。既要体现报纸的权威性，也要对读者产生视觉冲击。

版面的设计上要体现报纸的风格，一版的设计一般要庄重、大方、明快、丰富多彩。

5.常见的新闻稿件配置方式有哪些？

大体说来，新闻稿件的配置主要有两种方式：

一是文配文。指不同文字稿件之间进行配置，其相互间多有并列、连续的关系或者补充、解释的关系。

二是文配图。指新闻稿件和图片之间的搭配关系。这里指的图片包括新闻照片、漫画及图表等。

6.如何撰写编者按和编后语？

编者按是报纸编辑对将要发表的消息、通讯、文章所加的按语，表明某种观点、态度，给读者一些启示性的说明。常依附于新闻报道或文稿的简短评论，是新闻传媒编者常用的一种发言形式。编者按通常200字左右，甚至更短，有时仅三言两语，但要能够切中要点。编者按由标题和正文两部分组成。标题，一般都标为“编者按”。正文主要是指出新闻事实中有带普遍性和引人深思的问题，以引导读者思考，达到更好的宣传效果；或者是明确地表示编者自己的观点，发表旗帜鲜明的议论，或点明编辑意图，以启迪读者。

编后语是报纸编辑在编一期报纸或一篇文章后所写的介绍有关情况、表达自己意见的简短文章，一般最长不超过千字，多附在该文之后，常以“编者的话”“编后絮语”“附记”代标题，不署作者姓名。常对所编新闻或文章发表议论，有利于读者了解编辑意图，掌握阅读重点，提高阅读兴趣。编后语写法上更接近随感和短评，需要必要的分析议论，也可以抒情、联想和借题发挥，形式比较灵活，不拘一格，可以用散文笔调，甚至可以用诗歌和对话的形式。

7.如何区分新闻版面与广告版面?

新闻版面与广告版面的划分要从版面形式和报纸内部管理上进行控制。从版面形式上说，报纸广告版面必须标注“广告”字样；不得开办以介绍产品和服务为主要内容的新闻栏目，不得以专版、专刊、专题等形式刊载广告；由广告部门掌握的版面，应在字体、版式和设计上与新闻版面有明显区别，以防读者混淆广告和新闻。从报纸内部管理上说，各报纸内部人员须严格遵守以下规定，严格按规定执行。一是由采编部门制作的内容，只能用在编辑部门掌握的新闻版面上；二是对于广告内容与新闻内容容易发生混淆的广告版面，应在发布前提交跨采编与经营的广告审核委员会审核，审核通过，方可刊发；三是新闻采编人员不可向报社经营人员透露未发表的报道内容和未实施的采访计划，并不得在报道中刻意迎合广告主的诉求；四是采编人员在采访中涉及任何与经营业务相关的内容，应及时向经营部门转达，不要自行接洽或决定；五是报社要严禁为经营人员办理新闻记者证或所谓的“新闻采访证”“新闻工作证”，不得派无新闻记者证人员单独执行新闻采访任务，保持新闻采编队伍的专业性和严肃性。

(五)版面送审与签发

1.什么是四级审稿？如何对报纸进行四级审稿？

四级审稿是指在新闻采编出版流程中，严格执行责任编辑初审、部门主任审核、值班(主管)副总编辑审定、总编辑终审。责任编辑在初审了当日上版的记者稿件后，进行拼版并出第一遍大样。第一遍大样由部门主任审核，同时送校对部门进行第一次核校，改后版样交由责任编辑参改，改后出第二遍大样。第二遍大样由值班副总编辑审定后，报总编辑终审，领导提出的修改意见，责任编辑均应遵照修改，改后出第三遍大样。第三遍大样经校对部门进行最后校对，经审核无误后签付“最后付印样”，之后由编辑部主任签字，并由当日值班总编辑签字。

2.什么是“低俗新闻”？如何判断“低俗新闻”？

“低俗新闻”是指新闻记者及其所在媒体单纯以增加发行量、收听率、收视率、点击率等为目的，放弃社会责任，突破新闻伦理底线所报道的片面迎合受众低级趣味的新闻。

低俗新闻的表现主要有六种：

(1)一味追求娱乐化，即通过娱乐化选择、娱乐化加工、娱乐化讲述等方式对事件进行“改造”，从而对受众注意力资源进行掠夺式获取；(2)一味追求明星化，即大量从明星等名人身上选取题材，追求明星新闻、名人绯闻，道听途说，捕风捉影，进行各种炒作；(3)一味追求惊悚化，关注大量血腥、暴力、惊悚的场面，追求强烈视觉、情感刺激；(4)一味追求情色化，通过大量情色化内容来强化对受众的感官刺激；(5)一味追求猎奇化，即充满奇谈怪论，关注新奇事物；(6)一味追求审丑化，对“丑态”大肆展示。

3.什么是“新闻炒作”？如何判断“新闻炒作”？

“新闻炒作”是指新闻媒体或个人为吸引公众“眼球”，实现最终的经济利润或其他利益，有意虚构新闻事件，刻意介入新闻事件，或者把一些不具有新闻价值的事件局部放大，通过媒体有计划、有组织地实施渲染式报道的行为。

新闻炒作的表现有：

(1)媒体主动策划的新闻炒作。媒体利用公众关注的名人、热点事件、热点问题，夸大某些事物的新闻价值，片面放大事件中的某个局部、某个片段、某个人物，有时为了达到轰动效果，甚至制造虚假新闻。

(2)机构或个人策划的新闻炒作。某些机构或个人为达到吸引媒体采访以及受众注意的目的，挖空心思制造一些所谓的“轰动事件”。这类事件中，一些新闻媒体被利用，在其中扮演了帮闲的角色。

(3)媒体和机构或个人合谋策划的新闻炒作。

4.什么是“新闻逼视”？如何判断“新闻逼视”？

所谓“新闻逼视”，是指新闻媒体或新闻记者，以社会事务仲裁者或道德法律审判官的角色，刻意选择一些迎合公众情绪的素材，违背当事人的真实意愿，通过密集而持续的过度报道，营造“围观”和“逼视”的舆论氛围，使新闻事件朝着其所期望的方向发展的新闻失范行为。

新闻逼视的基本特征及表现有：

(1)报道目的“逼人就范”。逼迫当事人做出符合自己意愿的行为或营造大众“围观”和“逼视”的舆论氛围。(2)报道人员“身份错位”。新闻媒体或新闻记者越俎代庖，代替司法机关、政府行政机关，利用话语霸权。(3)报道素材“迎合公众”。精心选择能够迎合公众情绪的素材。(4)报道手段"超过适度"。通过大篇幅、长时段截取或放大事件中的某些内容或要素,直接增加倾向性的意见或观点,尽量引来其他新闻媒体的跟进报道,使原本简单的新闻事件被过度报道。(5)报道"违背当事人意愿"。如未经许可曝光当事人的家庭住址、家庭成员、个人财产、婚姻状况等个人隐私。

5.什么是"新闻歧视"?如何判断"新闻歧视"?

"新闻歧视"是指新闻媒体或新闻记者,不能够平等地对待不同社会阶层的群体,对特定人群带有偏见或歧视地进行不公正报道。这些特定人群主要集中于女性、农民工、残疾人、传染病患者、犯罪分子、流浪人员、外地人等弱势或边缘人员。

新闻歧视的主要表现包括:缺少对弱势或边缘人员的关注;倾向报道弱势或边缘人员的负面新闻;对弱势或边缘人员不够尊重;对弱势或边缘人员的报道采用歧视性语言;等等。

6.什么是新闻报道中的"再度伤害"?如何判断"再度伤害"?

新闻报道中的"再度伤害"是指在重大或严重突发事件,如地震、洪水、飓风、火山爆发等自然灾害,食物中毒、列车出轨等公共突发事件,以及枪杀、强奸、抢劫等犯罪事件的采访报道中,新闻记者缺乏应有的同情心或保护受害者的意识,造成受害人及其亲属的身心再次受到伤害的失德行为。

新闻报道中再度伤害的表现包括:第一时间进行不妥当的采访报道;不保护受害人隐私,使其被无辜曝光;采访受拒后,依然冷漠追问受害人;等等。

7.如何把握对司法案件的报道?

新闻媒体报道司法活动时,除必须严格坚持真实性、准确性、公正性外,还有几项具体限制:

(1)对于正侦查、起诉或审理的案件,以及尚未做出终审判决的案件,不得公开报道。

(2)个别必须见报的,要先报道破案、起诉或审理的消息,以后再报道判处结果,不得超越司法程序抢先报道,更不得利用新闻报道制造对司法机关施加压力的舆论。

(3)没有把握的案件或有争议的案件,不公开报道。

(4)对已发生法律效力的终审判决,如有不同意见,可在内部提出或登内参反映。

媒体对司法的监督,必须遵守以下限制:

(1)案件判决前不做定罪、定性报道。

(2)对当事人正当行使权利的言行不做倾向性的评论。

(3)对案件涉及的未成年人、妇女、老人和残疾人等的权益予以特别关注,在采访报道未成年人案件、涉及个人隐私案件时注意保护当事人隐私。

(4)不宜详细报道涉及国家机密、商业秘密、个人隐私的案情。

(5)不对法庭审判活动进行暗访。

(6)不做诉讼一方的代言人。

(7)评论一般在判决后进行。

(8)判决前发表质疑和批评限于违反诉讼程序的行为。

(9)批评性评论应避免针对法官个人的品行学识。

(10)不在自己的媒体上发表自己涉诉的报道和评论。

(11)不能随意以与官员、公众人物、公共利益、公共兴趣相关为借口而谋求采访报道的特权等。

8.如何判断“新闻传播侵权”?

“新闻传播侵权”指新闻传播媒体发布了含有侵害他人权利内容的新闻作品,侵害了他人的民事权利。包括新闻报道内容失实、新闻评论不当、新闻作品暴露公民隐私、新闻作品故意损毁名誉等几种。新闻传播侵权行为的构成条件主要有四个,四个要件缺一不可。分别是:

(1)新闻传播的侵权作品侵害了他人人格权。

(2)新闻传播的侵权作品已经发表。

(3)新闻传播的侵权行为人有过错。

(4)新闻传播的侵权内容指向特定的人。

9.新闻传播侵犯新闻作品著作权最常见的行为有哪些?

新闻传播侵犯新闻作品著作权的行为主要有:

(1)未经著作权人许可,发表其作品的。

(2)未经合作作者许可,将与他人合作创作的作品当作自己单独创作的作品发表的。

(3)没有参加创作,为谋取个人名利,在他人作品上署名的。

(4)歪曲、篡改他人作品的。

(5)剽窃他人作品的。

(6)未经著作权人许可,以展览、摄制电影和以类似摄制电影的方法使用作品,或者以改编、翻译、注释等方式使用作品的。

(7)使用他人作品,应当支付报酬而未支付的。

(8)其他侵犯著作权以及与著作权有关的权益的行为。

10.报社如何预防虚假失实新闻的产生?

新闻机构要建立健全内部防范虚假新闻的管理制度。

(1)新闻机构要严格规范新闻采编流程,建立健全稿件刊播的审核制度。严格实行新闻稿件审核的责任编辑制度和新闻稿件刊播的总编辑负责制度,明确采编刊播流程各环节的审稿职责,坚持“三审三校”,认真核实新闻来源和报道内容,确保新闻报道真实、客观、准确。

(2)新闻机构要规范使用消息来源。无论是自采的还是转发的新闻报道,都必须注明新闻消息来源,真实反映获取新闻的方式。除危害国家安全、保密等特殊原因外,新闻报道须标明采访记者和采访对象的姓名、职务和单位名称,不得使用权威人士、有关人士、消息人士等概念模糊新闻消息来源。

(3)新闻机构要严格使用社会自由来稿和互联网信息制度,不得直接使用未经核实的网络信息和手机信息,不得直接采用未经核实的社会自由来稿。对于通过电话、邮件、微博、博客等传播渠道获得的信息,如有新闻价值,新闻机构在刊播前必须派出自己的编辑记者逐一核实无误后方可使用。

(4)新闻机构必须完善新闻转载的审核管理制度。转载、转播新闻报道必须事先核实,确保新闻事实来源可靠、准确无误后方可转载、转播,并注明准确的首发媒体。不得转载、转播未经核实的新闻报道,严禁在转载转播中断章取义,歪曲原新闻报道事实,擅自改变原新闻报道内容。

(5)新闻机构要建立健全新闻作品的署名规则。刊播新闻报道必须署采访记者和责任编辑的真实姓名;不是亲自采编的稿件不得署名;刊播经核实的社会自由来稿应署作者的真实姓名。

(6)新闻机构必须完善民意调查结果的刊播制度。刊播涉及民意调查的报道,要使用权威规范的数据来源,谨慎使用网络调查、民间调查、市场随机访问等调查数据,报道中要说明调查的委托者、执行者、调查目的、调查总体、抽样方法、样本数量等,客观反映调查结果。

(7)新闻机构要严格人事管理制度,坚持新闻记者、编辑职业准入制度。要及时为通过考录和考评合格的记者、编辑办理新闻记者证等从业资格相关证件。所有采编人员必须是与新闻机构依照《中华人民共和国劳动合同法》签订聘用合同的人员，严禁临时人员、无证记者和无职称的编辑执行采访任务或者担任责任编辑。严禁聘用有新闻采编不良从业行为记录且正处于限制从业期限的人员从事新闻采编工作。

11.报纸如何刊登医疗、药品、医疗器械广告？

根据《中华人民共和国广告法》，麻醉药品、精神药品、医疗用毒性药品、放射性药品等特殊药品，药品类易制毒化学品，以及戒毒治疗的药品、医疗器械和治疗方法，不得做广告。报刊刊登医疗、药品、医疗器械广告不得含有下列内容：

(1)表示功效、安全性的断言或者保证。

(2)说明治愈率或者有效率。

(3)与其他药品、医疗器械的功效和安全性或者其他医疗机构比较。

(4)利用广告代言人做推荐、证明。

(5)法律、行政法规规定禁止的其他内容。

药品广告的内容不得与国务院药品监督管理部门批准的说明书不一致，并应当显著标明禁忌、不良反应。处方药广告应当显著标明“本广告仅供医学药学专业人士阅读”，非处方药广告应当显著标明“请按药品说明书或者在药师指导下购买和使用”。

推荐给个人自用的医疗器械的广告，应当显著标明“请仔细阅读产品说明书或者在医务人员的指导下购买和使用”。医疗器械产品注册证明文件中有禁忌内容、注意事项的，广告中应当显著标明“禁忌内容或者注意事项详见说明书”。

除药品、医疗器械广告外，禁止其他任何广告涉及疾病治疗功能，并不得使用医疗用语或者易使推销的商品与药品、医疗器械相混淆的用语。

12.报纸如何刊登保健食品广告?

根据《中华人民共和国广告法》,报刊刊登保健食品广告不得含有下列内容:

(1)表示功效、安全性的断言或者保证。

(2)涉及疾病预防、治疗功能。

(3)声称或者暗示广告商品为保障健康所必需。

(4)与药品、其他保健食品进行比较。

(5)利用广告代言人做推荐、证明。

(6)法律、行政法规规定禁止的其他内容。

保健食品广告应当显著标明“本品不能代替药物”。

报纸不得以介绍健康、养生知识等形式变相发布医疗、药品、医疗器械、保健食品广告。

禁止在大众传播媒介或者公共场所发布声称全部或者部分替代母乳的婴儿乳制品、饮料和其他食品广告。

13.报纸如何刊登农药、兽药、饲料和饲料添加剂广告?

根据《中华人民共和国广告法》,报刊刊登农药、兽药、饲料和饲料添加剂广告不得含有下列内容:

(1)表示功效、安全性的断言或者保证。

(2)利用科研单位、学术机构、技术推广机构、行业协会、专业人士、用户的名义或者形象做推荐、证明。

(3)说明有效率。

(4)违反安全使用规程的文字、语言或者画面。

(5)法律、行政法规规定禁止的其他内容。

14.报纸刊登哪些内容的广告为虚假广告?

广告以虚假或者引人误解的内容欺骗、误导消费者的,构成虚假广告。广告有下列情形之一的,为虚假广告:

(1)商品或者服务不存在的。

(2)商品的性能、功能、产地、用途、质量、规格、成分、价格、生产者、有效期限、销售状况、曾获荣誉等信息,或者服务的内容、提供者、形式、质量、价格、销售状况、曾获荣誉等信息,以及与商品或者服务有关的允诺等信息与实际情况不符,对购买行为有实质性影响的。

(3)使用虚构、伪造或者无法验证的科研成果、统计资料、调查结果、文摘、引用语等信息做证明材料的。

(4)虚构使用商品或者接受服务的效果的。

(5)以虚假或者引人误解的内容欺骗、误导消费者的其他情形。

15.如何完成报纸版面签发?

校对签发“最后付印样”后,各版面值班主编应对大样做最后的技术检查:版面稿件是否存在漏行、错行、丢尾,标题是否有错字,以及插图、照片、刊头是否有差错,版面上是否有其他问题。

经审核完成的版面,在校对签发“最后付印样”后,责任编辑应将“最后付印样”交照排中心,由其负责在电脑上签发。

16.报纸稿件发排有哪些基本要求?

报纸稿件发排要求做到齐、清、定:

“齐”就是要求稿件的文字、图片等都齐全无缺;“清”就是要求文稿、图稿等缮写、描绘清晰,稿面清楚,符合排版、制版的需要;“定”就是要求内容确定,发稿后不再改动。

17.报纸付印后需要注意哪些问题?

报纸付印后,各报设立的“第一读者”负责审阅报纸各版签发后的大样和第一时间阅读印刷出来的第一张报纸,杜绝重大差错发生。

值班编辑或副总编辑（或总编辑）每天签字确认的PDF纸样由各报总编室（或校对科）收集贮存，并保存三个月以上，未保存大样或者保存时间不足三个月的，总编室主任应承担责任。

三、报纸出版管理

（一）报纸的创办和变更

1.设立报纸出版单位应当具备什么条件？

设立报纸出版单位，应当具备下列条件：

（1）有确定的、不与已有报纸重复的名称。

（2）有报纸出版单位的名称、章程。

（3）有符合国家新闻出版行政管理部门认定条件的主管、主办单位。

（4）有确定的报纸出版业务范围。

（5）有30万元以上的注册资本。

（6）有适应业务范围需要的组织机构和符合国家规定资格条件的新闻采编专业人员。

（7）有与主办单位在同一行政区域的固定的工作场所。

（8）有符合规定的法定代表人或者主要负责人，该法定代表人或者主要负责人必须是在境内长久居住的中国公民。

（9）法律、行政法规规定的其他条件。

除前款所列条件外，还须符合国家对报纸及报纸出版单位总量、结构、布局的规划。

2.创办报纸出版单位由什么机构审批？

中央在京单位创办报纸并设立报纸出版单位，经主管单位同意后，由主办单位报国家新闻出版行政部门审批。

中国人民解放军和中国人民武装警察部队系统创办报纸并设立报纸出版单位，由中国人民解放军总政治部宣传部新闻出版局审核同意后报国家新闻出版行政部门审批。

其他单位创办报纸并设立报纸出版单位，经主管单位同意后，由主办单位向所在地省、自治区、直辖市新闻出版行政部门提出申请，省、自治区、直辖市新闻出版行政部门审核同意后，报国家新闻出版行政部门审批。

3.两个以上主办单位合办报纸有何要求？

两个以上主办单位合办报纸，须确定一个主要主办单位，并由主要主办单位提出申请。报纸的主要主办单位应为其主管单位的隶属单位。报纸出版单位和主要主办单位须在同一行政区域。

4.创办报纸、设立报纸出版单位需要提交哪些材料？

创办报纸、设立报纸出版单位，由报纸出版单位的主办单位提出申请，并提交以下材料：

(1)按要求填写的《报纸出版申请表》。

(2)主办单位、主管单位的有关资质证明材料。

(3)拟任报纸出版单位法定代表人或者主要负责人的简历、身份证明文件及国家有关部门颁发的职业资格证书。

(4)新闻采编人员的职业资格证书。

(5)报纸出版单位办报资金来源及数额的相关证明文件。

(6)报纸出版单位的章程。

(7)工作场所使用证明。

(8)报纸出版可行性论证报告。

在实际审批中，不同单位申请报纸、设立报纸出版单位所准备的材料也不尽相同。

5.中央在京单位申请创办报纸需要提交哪些材料？

中央在京单位申请创办报纸需提交以下材料：

（1）主要主办单位报国家新闻出版行政部门的请示文件。文件的主送单位为国家新闻出版行政部门。正文应载明主管、主办、出版单位名称以及拟申请事项内容；拟创办新报有多家主办单位的，主要主办单位的请示文件须包含拟设多家主办单位的具体理由、必要性论证，以及其主办报纸的资质、条件和承担的责任，同时另附主办方之间的协议或合同；申请报纸的名称，应同时提供1～2个备用名称。

（2）主管单位同意文件。文件中主管单位要针对主办单位提出的申请事项内容作出明确的同意意见，内容须一致；正文应载明主管、主办及出版单位名称以及拟申请事项内容；申请报纸创办，应同时提供1～2个备用名称。

（3）其他主办单位同意文件（多家主办单位须提供）。

（4）出版单位报拟创办报纸的主要主办单位的请示文件（拟新设立报纸出版单位不提供）；文件中须明确申请报纸的名称，应同时提供1～2个备用名称。

（5）出版单位的出版许可证复印件（拟新设立报纸出版单位不提供）。

（6）主办单位、主管单位法人证明文件复印件（《事业单位法人证书》/《企业法人营业执照》/《社会团体法人登记证书》/机关法人证明文件）。主管单位、主办单位及出版单位应具备明确的隶属关系，隶属关系可通过《事业单位法人证书》《社会团体法人登记证书》或具备法律依据的二者隶属关系的证明文件证明。

（7）出版单位法人证明文件复印件（《事业单位法人证书》/《企业法人营业执照》）。

(8)主办单位、主管单位的国有资产证明文件(事业单位、机关法人不提供)。经济性质为全民所有制的企业法人提供企业信息登记证明文件,认可为国有资产;企业法人提供《国有资产产权登记证》,认可为国有资产;除上述条件的企业法人,须证明其股东是国有资产(具体要求同上),并提供工商行政部门出具的企业信息登记证明文件,才能认可为国有资产;社会团体法人,由其业务主管部门(以《社会团体法人登记证书》登记内容为准)证明社团不含非公资本。

(9)出版单位同主办单位、主管单位隶属关系或出资关系的证明材料(拟新设立报纸出版单位不提供)。材料中须证明主管单位、主办单位及出版单位应具备明确的隶属关系,可通过《事业单位法人证书》《社会团体法人登记证书》上的隶属信息证明;也可通过具备法律依据的二者隶属关系的证明文件证明。出版单位为非法人编辑部的,申报材料中应明确主办单位主体变更后,非法人编辑部为何主办单位的内设机构。

(10)《报纸出版申请表》。申请表可在国家新闻出版行政部门官方网站下载后填写。

(11)拟任出版单位法定代表人或主要负责人的身份证复印件及出版专业职业资格证书复印件(中级以上)。出版单位的法定代表人或主要负责人应为该单位在职人员,不得为离退休人员或兼职。出版专业职业资格证书包括通过全国出版专业职业资格考试后获得的证书;经人力资源和社会保障部认可或同意的有人事权规定资格的单位评定的出版专业职称证书;在国家新闻出版行政部门注册登记过的责任编辑注册证书。出版专业岗位培训证书及其他行业职称不被认定为出版专业职业资格。

(12)编辑出版人员的身份证复印件及出版专业职业资格证书复印件(至少 3 人,其中 2 人中级以上)。出版专业职业资格证书包括通过全国出版专业职业资格考试后获得的证书；经人力资源和社会保障部认可或同意的有人事权规定资格的单位评定的出版专业职称证书；在国家新闻出版行政部门注册登记过的责任编辑注册证书。

(13)工作场所使用证明文件复印件(租赁合同或自有产权证书)。

(14)《报纸出版单位基本信息登记表》。登记表可在国家新闻出版行政部门官方网站下载后填写。

6.军队单位申请创办报纸需要提交哪些材料?

军队单位申请创办报纸需提供以下材料：

(1)总政治部宣传部新闻出版局报国家新闻出版行政部门的请示文件。文件主送单位为国家新闻出版行政部门。正文应载明主管、主办、出版单位名称以及拟申请事项内容；总政治部宣传部新闻出版局有权力不同意主办单位提出的部分申请，但应在文件中明确说明；请求文件中须明确申请报纸的名称，同时提供1～2个备用名称。

(2)主要主办单位报总政治部宣传部新闻出版局的请示文件。文件的主送单位为总政治部宣传部新闻出版局，正文应载明主管、主办、出版单位名称以及拟申请事项内容；拟创办新报有多家主办单位的，主要主办单位的请示文件须包含拟设多家主办单位的具体理由、必要性论证，以及其主办报纸的资质、条件和承担的责任，同时另附主办方之间的协议或合同；文件须注明申请报纸的名称，同时提供1～2个备用名称。

(3)主管单位同意文件。文件须针对主办单位提出的申请事项内容作出明确的同意意见，内容须一致；正文应载明主管、主办及出版单位名称以及拟申请事项内容。

(4)其他主办单位同意文件(多家主办单位须提供)。

(5)出版单位报拟创办报纸的主要主办单位的请示文件(拟新设立报纸出版单位不提供)。文件须明确申请报纸的名称,同时提供1～2个备用名称。

(6)出版单位的出版许可证复印件(拟新设立报纸出版单位不提供)。

(7)主办单位、主管单位有关资质证明文件。

(8)出版单位法人证明文件复印件(《事业单位法人证书》/《企业法人营业执照》)。

(9)出版单位同主办单位、主管单位隶属关系的证明材料(拟新设立报纸出版单位不提供)。主管单位、主办单位及出版单位应具备明确的隶属关系,可通过《事业单位法人证书》《社会团体法人登记证书》上的隶属信息证明;也可通过具备法律依据的二者隶属关系的证明文件证明。出版单位为非法人编辑部的,申报材料中应明确主办单位主体变更后,非法人编辑部为何主办单位的内设机构。

(10)《报纸出版申请表》。申请表可在国家新闻出版行政部门官方网站下载后填写。

(11)拟任出版单位法定代表人或主要负责人的身份证复印件及出版专业职业资格证书复印件(中级以上)。出版单位的法定代表人或主要负责人应为该单位在职人员,不得为离退休人员或兼职。出版专业职业资格证书包括通过全国出版专业职业资格考试后获得的证书;经人力资源和社会保障部认可或同意的有人事权规定资格的单位评定的出版专业职称证书;在国家新闻出版行政部门注册登记过的责任编辑注册证书。出版专业岗位培训证书及其他行业职称不被认定为出版专业职业资格。

(12)编辑出版人员的身份证复印件及出版专业职业资格证书复印件(至少3人,其中2人中级以上)。出版专业职业资格证书包括通过全国出版专业职业资格考试后获得的证书；经人力资源和社会保障部认可或同意的有人事权规定资格的单位评定的出版专业职称证书；在国家新闻出版行政部门注册登记过的责任编辑注册证书。

(13)工作场所使用证明文件复印件(租赁合同或自有产权证书)。

(14)《报纸出版单位基本信息登记表》。登记表可在国家新闻出版行政部门官方网站下载后填写。

7.地方单位申请创办报纸需要提交哪些材料？

各省、自治区、直辖市申请创办报纸需提交以下材料：

(1)所在地省级出版行政主管部门报国家新闻出版行政部门的请示文件。文件的主送单位为国家新闻出版行政部门。正文应载明主管、主办、出版单位名称以及拟申请事项内容。省级出版行政主管部门有权力不同意主办单位提出的部分申请，但应在文件中明确说明。请示文件中要明确申请报纸的名称，同时提供1～2个备用名称。

(2)主要主办单位报所在地省级出版行政主管部门的请示文件。文件的主送单位为所在地省级出版行政主管部门，正文应载明主管、主办、出版单位名称以及拟申请事项内容。拟创办新报有多家主办单位的，主要主办单位的请示文件须包含拟设多家主办单位的具体理由、必要性论证，以及其主办报纸的资质、条件和承担的责任，同时另附主办方之间的协议或合同。文件要明确申请报纸的名称，应同时提供1～2个备用名称。

(3)主管单位同意文件。文件须针对主办单位提出的申请事项内容作出明确的同意意见，内容须一致。正文应载明主管、主办及出版单位名称以及拟申请事项内容。请示中注明申请报纸的名称，应同时提供1～2个备用名称。

(4)其他主办单位同意文件(多家主办单位须提供)。

(5)出版单位报拟创办报纸的主要主办单位的请示文件(拟新设立报纸出版单位不提供)。请示中注明申请报纸的名称,应同时提供1～2个备用名称。

(6)出版单位的出版许可证复印件(拟新设立报纸出版单位不提供)。

(7)主办单位、主管单位法人证明文件复印件(《事业单位法人证书》/《企业法人营业执照》/《社会团体法人登记证书》/机关法人证明文件)。主管单位、主办单位及出版单位应具备明确的隶属关系,可通过《事业单位法人证书》《社会团体法人登记证书》上的隶属信息证明;也可通过具备法律依据的二者隶属关系的证明文件证明。

(8)出版单位法人证明文件复印件(《事业单位法人证书》/《企业法人营业执照》)。

(9)主办单位、主管单位的国有资产证明文件(事业单位、机关法人不提供)。经济性质为全民所有制的企业法人提供企业信息登记证明文件,认可为国有资产;企业法人提供《国有资产产权登记证》,认可为国有资产;除上述条件的企业法人,须证明其股东是国有资产(具体要求同上),并提供工商行政部门出具的企业信息登记证明文件,才能认可为国有资产;社会团体法人,由其业务主管部门(以《社会团体法人登记证书》登记内容为准)证明社团不含非公资本。

(10)出版单位同主办单位、主管单位隶属关系或出资关系的证明材料(拟新设立报纸出版单位不提供)。主管单位、主办单位及出版单位应具备明确的隶属关系,可通过《事业单位法人证书》《社会团体法人登记证书》上的隶属信息证明;也可通过具备法律依据的二者隶属关系的证明文件证明。出版单位为非法人编辑部的，申报材料中应明确主办单位主体变更后，非法人编辑部为何主办单位的内设机构。

(11)《报纸出版申请表》。申请表可在国家新闻出版行政部门官方网站下载后填写。

(12)拟任出版单位法定代表人或主要负责人的身份证复印件及出版专业职业资格证书复印件(中级以上)。出版单位的法定代表人或主要负责人应为该单位在职人员，不得为离退休人员或兼职；出版专业职业资格证书包括通过全国出版专业职业资格考试后获得的证书；经人力资源和社会保障部认可或同意的有人事权规定资格的单位评定的出版专业职称证书；在国家新闻出版行政部门注册登记过的责任编辑注册证书。出版专业岗位培训证书及其他行业职称不被认定为出版专业职业资格。

(13)编辑出版人员的身份证复印件及出版专业职业资格证书复印件(至少 3 人，其中 2 人中级以上)。出版专业职业资格证书包括通过全国出版专业职业资格考试后获得的证书；经人力资源和社会保障部认可或同意的有人事权规定资格的单位评定的出版专业职称证书；在国家新闻出版行政部门注册登记过的责任编辑注册证书。

(14)工作场所使用证明文件复印件(租赁合同或自有产权证书)。

(15)《报纸出版单位基本信息登记表》。登记表可在国家新闻出版行政部门官方网站下载后填写。

8.中央在京单位如何设立报纸出版单位？

中央在京单位(即中央和国务院各部委、直属机构，各民主党派和全国性群众团体及其直属单位)设立报纸出版单位，须经主管单位审核同意后，由主办单位报国家新闻出版行政部门审批。申报材料如下：

（1）主要主办单位报国家新闻出版行政部门的请示文件。文件的主送单位为国家新闻出版行政部门。正文应载明主管、主办、出版单位名称以及拟申请事项内容。

（2）主管单位同意文件。文件须针对主办单位提出的申请事项内容作出明确的同意意见，内容须一致。正文应载明主管、主办及出版单位名称以及拟申请事项内容。

（3）其他主办单位同意文件（多家主办单位须提供）。

（4）主办单位、主管单位法人证明文件复印件（《事业单位法人证书》/《企业法人营业执照》/《社会团体法人登记证书》/机关法人证明文件）。主管单位、主办单位及出版单位应具备明确的隶属关系，可通过《事业单位法人证书》《社会团体法人登记证书》等证书复印件证明，也可提供具备法律依据的二者隶属关系的证明文件证明。

（5）主办单位、主管单位的国有资产证明文件（事业单位、机关法人不提供）。经济性质为全民所有制的企业法人提供企业信息登记证明文件，认可为国有资产。企业法人提供《国有资产产权登记证》，认可为国有资产。除上述条件的企业法人，须证明其股东是国有资产（具体要求同上），并提供工商行政部门出具的企业信息登记证明文件，才能认可为国有资产。社会团体法人，由其业务主管部门（以《社会团体法人登记证书》登记内容为准）证明社团不含非公资本。

（6）出版单位章程复印件（已设立企业加盖工商查询章，其他加盖主办单位公章）。

（7）《报纸出版申请表》。申请表可在国家新闻出版行政部门官方网站下载后填写。

（8）拟任出版单位法定代表人或主要负责人的身份证复印件及出版专业职业资格证书复印件（中级以上）。出版单位的法定代表人或主要负责人应为该单位在职人员，不得为离退休人员或兼职。出版专业职业资格证书包括通过全国出版专业职业资格考试后获得的证书；经人力资源和社会保障部认可或同意的有人事权规定资格的单位评定的出版专业职称证书；在国家新闻出版行政部门注册登记过的责任编辑注册证书。出版专业岗位培训证书及其他行业职称不被认定为出版专业职业资格。

(9)编辑出版人员的身份证复印件及出版专业职业资格证书复印件（至少 3 人，其中 2 人中级以上）。出版专业职业资格证书包括通过全国出版专业职业资格考试后获得的证书；经人力资源和社会保障部认可或同意的有人事权规定资格的单位评定的出版专业职称证书；在国家新闻出版行政部门注册登记过的责任编辑注册证书。

(10)工作场所使用证明文件复印件（租赁合同或自有产权证书）。

(11)《企业名称预先核准通知书》复印件或事业单位批准设立文件复印件。《企业名称预先核准通知书》须到所在地工商管理部门办理。

(12)《报纸出版许可证》复印件（同时创办报纸可不提供此项）。

(13)《报纸出版单位基本信息登记表》。登记表可在新闻出版总局官方网站下载后填写。

9.军队报纸出版单位如何申请设立？

军队设立报纸出版单位须报送以下材料：

(1)总政治部宣传部新闻出版局报国家新闻出版行政部门的请示文件。文件主送单位为国家新闻出版行政部门。正文应载明主管、主办、出版单位名称以及拟申请事项内容。总政治部宣传部新闻出版局有权力不同意主办单位提出的部分申请，但应在文件中明确说明。

(2)主要主办单位报总政治部宣传部新闻出版局的请示文件。文件的主送单位为总政治部宣传部新闻出版局,正文应载明主管、主办、出版单位名称以及拟申请事项内容。

(3)主管单位同意文件。文件须针对主办单位提出的申请事项内容作出明确的同意意见,内容须一致。正文应载明主管、主办及出版单位名称以及拟申请事项内容。

(4)其他主办单位同意文件(多家主办单位须提供)。

(5)主办单位、主管单位的有关资质证明文件。

(6)出版单位章程复印件(已设立企业加盖工商查询章,其他加盖主办单位公章)。

(7)《报纸出版申请表》。申请表可在国家新闻出版行政部门官方网站下载后填写。

(8)拟任出版单位法定代表人或主要负责人的身份证复印件及出版专业职业资格证书复印件(中级以上)。出版单位的法定代表人或主要负责人应为该单位在职人员,不得为离退休人员或兼职。出版专业职业资格证书包括通过全国出版专业职业资格考试后获得的证书;经人力资源和社会保障部认可或同意的有人事权规定资格的单位评定的出版专业职称证书;在国家新闻出版行政部门注册登记过的责任编辑注册证书。出版专业岗位培训证书及其他行业职称不被认定为出版专业职业资格。

(9)编辑出版人员的身份证复印件及出版专业职业资格证书复印件(至少 3 人,其中 2 人中级以上)。出版专业职业资格证书包括通过全国出版专业职业资格考试后获得的证书;经人力资源和社会保障部认可或同意的有人事权规定资格的单位评定的出版专业职称证书;在国家新闻出版行政部门注册登记过的责任编辑注册证书。

(10)工作场所使用证明文件复印件(租赁合同或自有产权证书)。

(11)《企业名称预先核准通知书》复印件或事业单位批准设立文件复印件。《企业名称预先核准通知书》须到所在地工商管理部门办理。

(12)《报纸出版许可证》复印件(同时创办报纸可不提供此项)。

(13)《报纸出版单位基本信息登记表》。登记表可在国家新闻出版行政部门官方网站下载后填写。

10.申报设立地方报纸出版单位需要准备哪些材料?

地方报纸出版单位设立申请材料包括:

(1)所在地省级出版行政主管部门报国家新闻出版行政部门的请示文件。文件主送单位为国家新闻出版行政部门。正文应载明主管、主办、出版单位名称以及拟申请事项内容;省级出版行政主管部门有权力不同意主办单位提出的部分申请,但应在文件中明确说明。

(2)主要主办单位报所在地省级出版行政主管部门的请示文件。主送单位为所在地省级出版行政主管部门,正文应载明主管、主办、出版单位名称以及拟申请事项内容。

(3)主管单位同意文件。文件须针对主办单位提出的申请事项内容作出明确的同意意见,内容须一致;正文应载明主管、主办及出版单位名称以及拟申请事项内容。

(4)其他主办单位同意文件(多家主办单位须提供)。

(5)主办单位、主管单位法人证明文件复印件(《事业单位法人证书》/《企业法人营业执照》/《社会团体法人登记证书》/机关法人证明文件)。主管单位、主办单位及出版单位应具备明确的隶属关系,可通过《事业单位法人证书》《社会团体法人登记证书》等证书复印件证明,也可提供具备法律依据的二者隶属关系的证明文件证明。

(6)主办单位、主管单位的国有资产证明文件(事业单位、机关法人不提供)。经济性质为全民所有制的企业法人提供企业信息登记证明文件,认可为国有资产;企业法人提供《国有资产产权登记证》,认可为国有资产;除上述条件的企业法人,须证明其股东是国有资产(具体要求同上),并提供工商行政部门出具的企业信息登记证明文件,才能认可为国有资产;社会团体法人,由其业务主管部门(以《社会团体法人登记证书》登记内容为准)证明社团不含非公资本。

(7)出版单位章程复印件(已设立企业加盖工商查询章,其他加盖主办单位公章)。

(8)《报纸出版申请表》。申请表可在国家新闻出版行政部门官方网站下载后填写。

(9)拟任出版单位法定代表人或主要负责人的身份证复印件及出版专业职业资格证书复印件(中级以上)。出版单位的法定代表人或主要负责人应为该单位在职人员,不得为离退休人员或兼职。出版专业职业资格证书包括通过全国出版专业职业资格考试后获得的证书;经人力资源和社会保障部认可或同意的有人事权规定资格的单位评定的出版专业职称证书;在国家新闻出版行政部门注册登记过的责任编辑注册证书。出版专业岗位培训证书及其他行业职称不被认定为出版专业职业资格。

(10)编辑出版人员的身份证复印件及出版专业职业资格证书复印件(至少 3 人,其中 2 人中级以上)。出版专业职业资格证书包括通过全国出版专业职业资格考试后获得的证书;经人力资源和社会保障部认可或同意的有人事权规定资格的单位评定的出版专业职称证书;在国家新闻出版行政部门注册登记过的责任编辑注册证书。

(11)工作场所使用证明文件复印件(租赁合同或自有产权证书)。

(12)《企业名称预先核准通知书》复印件或事业单位批准设立文件复印件。《企业名称预先核准通知书》须到所在地工商管理部门办理。

(13)《报纸出版许可证》复印件(同时创办报纸可不提供此项)。

(14)《报纸出版单位基本信息登记表》。登记表可在国家新闻出版行政部门官方网站下载后填写。

11.申请创办、设立报纸出版单位有哪些时效规定?

国家新闻出版行政部门自收到创办报纸、设立报纸出版单位的申请之日起 90 日内,做出批准或者不批准的决定,并直接或者由省、自治区、直辖市新闻出版行政部门书面通知主办单位;不批准的,应当说明理由。

报纸主办单位自收到国家新闻出版行政部门批准决定之日起 60 日内办理注册登记手续。报纸主办单位自收到国家新闻出版行政部门批准文件之日起 60 日内未办理注册登记手续,批准文件自行失效,登记机关不再受理登记,报纸主办单位须把有关批准文件缴回国家新闻出版行政部门。报纸出版单位自登记之日起满 90 日未出版报纸的,由国家新闻出版行政部门撤销《报纸出版许可证》,并由原登记的新闻出版行政部门注销登记。因不可抗力或者其他正当理由发生前款所列情形的,报纸出版单位可以向原登记的新闻出版行政部门申请延期。

12.报纸主办单位办理注册登记手续的程序有哪些?

报纸主办单位应当自收到国家新闻出版行政管理部门批准

决定之日起 60 日内办理注册登记手续：

(1)持批准文件到所在地省、自治区、直辖市新闻出版行政部门领取并填写《报纸出版登记表》,经主管单位审核签章后,报所在地省、自治区、直辖市新闻出版行政部门。

(2)《报纸出版登记表》一式五份,由报纸出版单位、主办单位、主管单位及省、自治区、直辖市新闻出版行政部门各存一份,另一份由省、自治区、直辖市新闻出版行政部门在 15 日内报送国家新闻出版行政部门备案。

(3)省、自治区、直辖市新闻出版行政部门对《报纸出版登记表》审核无误后,在 10 日内向主办单位发放《报纸出版许可证》,并编入国内统一连续出版物号。

(4)报纸出版单位持《报纸出版许可证》到工商行政管理部门办理登记手续,依法领取营业执照。

13.报纸变更名称如何准备申请材料?

报纸变更名称的申请材料与申办新的报纸的材料大体相同,主要包括以下方面(以地方单位变更报纸名称为例)：

(1)所在地省级出版行政主管部门报国家新闻出版行政部门的请示文件。请示文件的主送单位为国家新闻出版行政部门。正文应明确具体变更内容。省级出版行政主管部门有权力不同意主办单位提出的部分申请,但应在文件中明确说明。

(2)主要主办单位报所在地省级出版行政主管部门的请示文件。文件的主送单位为所在地省级出版行政主管部门,正文应载明主管、主办、出版单位名称以及拟申请事项内容。

(3)主管单位同意文件。文件须针对主办单位提出的申请事项内容作出明确的同意意见,内容须一致。正文应载明主管、主办及出版单位名称以及拟申请事项内容。文件须明确新拟定的报纸名称,应同时提供 1～2 个备用名称。

(4)其他主办单位同意文件(多家主办单位须提供)。

(5)《报纸变更申请表》。申请表可在国家新闻出版行政部门官方网站下载后填写。

(6)出版单位法定代表人或主要负责人的身份证复印件及出版专业职业资格证书复印件(中级以上;报名随主要主办单位名称变更时,可不提供此项)。出版单位的法定代表人或主要负责人应为该单位在职人员,不得为离退休人员或兼职。出版专业职业资格证书包括通过全国出版专业职业资格考试后获得的证书;经人力资源和社会保障部认可或同意的有人事权规定资格的单位评定的出版专业职称证书;在国家新闻出版行政部门注册登记过的责任编辑注册证书。出版专业岗位培训证书及其他行业职称不被认定为出版专业职业资格。

(7)编辑出版人员的身份证复印件及出版专业职业资格证书复印件(至少 3 人,其中 2 人中级以上;报名随主要主办单位名称变更时,可不提供此项)。出版专业职业资格证书包括以下几种类型:通过全国出版专业职业资格考试后获得的证书;经人力资源和社会保障部认可或同意的有人事权规定资格的单位评定的出版专业职称证书;在国家新闻出版行政部门注册登记过的责任编辑注册证书。

(8)《报纸出版许可证》复印件。

(9)连续两期最近出版的样报;样报须是截至提交申请材料前的连续两期最近出版的样报;涉及休刊,应由所在地出版行政主管部门出具休刊证明文件并提供休刊之前出版的最近两期样报。

(10)《报纸出版单位基本信息登记表》。登记表可在国家新闻出版行政部门官方网站下载后填写。

在京单位和军队单位变更报纸名称与地方单位变更报纸名称所须提供的材料大体相同,可参照准备。

14.报纸变更出版单位如何准备申请材料?

报纸变更出版单位包括两种情况,一是出版单位自身名称变更;二是变更为已存在的出版单位。变更申请中申请材料分别如下(以地方单位变更报纸出版单位为例):

(1)出版单位自身名称变更。

①所在地省级出版行政主管部门报国家新闻出版行政部门的请示文件。请示文件的主送单位为国家新闻出版行政部门。请示正文应明确具体变更内容。省级出版行政主管部门有权力不同意主办单位提出的部分申请,但应在文件中明确说明。

②主要主办单位报所在地省级出版行政主管部门的请示文件。请示的主送单位为所在地省级出版行政主管部门,正文应明确具体变更内容。

③主管单位同意文件。文件中须针对主办单位提出的申请事项内容作出明确的同意意见,内容须一致。正文应明确具体变更内容,可加盖业务主管部门公章。

④其他主办单位同意文件(多家主办单位须提供)。

⑤出版单位报主要主办单位请示文件。

⑥出版单位法人证明文件复印件(《事业单位法人证书》/《企业法人营业执照》)。

⑦《报纸出版许可证》复印件。

⑧连续两期最近出版的样报。样报须是截至提交申请材料前的连续两期最近出版的样报。涉及休刊,应由所在地出版行政主管部门出具休刊证明文件并提供休刊之前出版的最近两期样报。

⑨《报纸出版单位基本信息登记表》。登记表可在国家新闻出版行政部门官方网站下载后填写。

(2)变更至既有出版单位。

①所在地省级出版行政主管部门报国家新闻出版行政部门的请示文件。文件的主送单位为国家新闻出版行政部门。正文应明确具体变更内容。省级出版行政主管部门有权力不同意主办单位提出的部分申请，但应在文件中明确说明。

②主要主办单位报所在地省级出版行政主管部门的请示文件。文件的主送单位为所在地省级出版行政主管部门，正文应明确具体变更内容。

③主管单位同意文件。文件中须针对主办单位提出的申请事项内容作出明确的同意意见，内容须一致。正文应明确具体变更内容，可加盖业务主管部门公章。

④其他主办单位同意文件（多家主办单位须提供）。

⑤拟任出版单位报主要主办单位的请示文件。

⑥原出版单位同意文件。

⑦拟任出版单位法人证明文件复印件（《事业单位法人证书》/《企业法人营业执照》）。

⑧拟任出版单位同主办单位之间的隶属关系或出资关系的证明材料。主管单位、主办单位及出版单位应具备明确的隶属关系，可通过《事业单位法人证书》《社会团体法人登记证书》证明，也可提供具备法律依据的二者隶属关系的证明文件。出版单位为非法人编辑部的，申报材料中应明确主办单位主体变更后，非法人编辑部为何主办单位的内设机构。

⑨拟任出版单位的出版许可证复印件。

⑩拟变更报纸的《报纸出版许可证》复印件。

⑪连续两期最近出版的样报。样报须是截至提交申请材料前的连续两期最近出版的样报。涉及休刊，应由所在地出版行政主管部门出具休刊证明文件并提供休刊之前出版的最近两期样报。

⑫《报纸出版单位基本信息登记表》。登记表可在国家新闻

出版行政部门官方网站下载后填写。

在京单位和军队单位变更报纸出版单位与地方单位变更报纸出版单位所须提供的材料大体相同,可参照准备。

15.报纸变更业务范围(办报宗旨和文种)如何准备申请材料?

地方单位变更办报宗旨和文种须向国家新闻出版行政部门申请。其申请材料如下(以地方单位变更报纸业务范围为例):

(1)所在地省级出版行政主管部门报国家新闻出版行政部门的请示文件。文件主送单位为国家新闻出版行政部门。正文应明确具体变更内容。省级出版行政主管部门有权力不同意主办单位提出的部分申请,但应在文件中明确说明。

(2)主要主办单位报所在地省级出版行政主管部门的请示文件。主送单位为所在地省级出版行政主管部门,正文应明确具体变更内容。

(3)主管单位同意文件。文件须针对主办单位提出的申请事项内容作出明确的同意意见,内容须一致。正文应明确具体变更内容,可加盖业务主管部门公章。

(4)其他主办单位同意文件(多家主办单位须提供)。

(5)《报纸变更申请表》。

(6)出版单位法定代表人或主要负责人的身份证复印件及出版专业职业资格证书复印件(中级以上)。

(7)编辑出版人员的身份证复印件及出版专业职业资格证书复印件(至少 3 人,其中 2 人中级以上)。出版专业职业资格证书包括通过全国出版专业职业资格考试后获得的证书;经人力资源和社会保障部认可或同意的有人事权规定资格的单位评定的出版专业职称证书;在国家新闻出版行政部门注册登记过的责任编辑注册证书。

(8)《报纸出版许可证》复印件。

(9)连续两期最近出版的样报。样报须是截至提交申请材料前的连续两期最近出版的样报。涉及休刊,应由所在地出版行政主管部门出具休刊证明文件并提供休刊之前出版的最近两期样报。

(10)《报纸出版单位基本信息登记表》。登记表可在国家新闻出版行政部门官方网站下载后填写。

在京单位和军队单位变更报纸业务范围与地方单位变更报纸业务范围所须提供的材料大体相同,可参照准备。

16.报纸变更主办单位如何准备申请材料?

报纸变更主办单位须向国家新闻出版行政部门申请。变更主办单位主要包括两种情况:一是主办单位变更名称;二是主办单位主体变更。变更申请材料分别如下(以地方单位变更报纸主办单位为例):

(1)主办单位变更名称。

①所在地省级出版行政主管部门报国家新闻出版行政部门的请示文件。文件的主送单位为国家新闻出版行政部门。正文应明确具体变更内容。省级出版行政主管部门有权力不同意主办单位提出的部分申请,但应在文件中明确说明。

②主办单位报所在地省级出版行政主管部门的请示文件(主管单位加盖公章)。文件主送单位为所在地省级出版行政主管部门,正文应明确具体变更内容。主管单位直接在主办单位请示文件上加盖业务主管部门公章作为同意意见。

③主办单位变更名称批准文件复印件。

④更名主办单位的法人证明文件复印件(《事业单位法人证书》/《企业法人营业执照》/《社会团体法人登记证书》/机关法人证明文件)。主管单位、主办单位及出版单位应具备明确的隶属

关系,可通过《事业单位法人证书》《社会团体法人登记证书》证明,也可出具具备法律依据的二者隶属关系的证明文件证明。

⑤更名主办单位的国有资产证明文件(出资人、资本性质、资本结构发生变化的企业或社团法人提供)。事业单位法人、机关法人无须证明。经济性质为全民所有制的企业法人提供企业信息登记证明文件,认可为国有资产。企业法人提供《国有资产产权登记证》,认可为国有资产。除上述条件的企业法人,须证明其股东是国有资产(具体要求同上),并提供工商行政部门出具的企业信息登记证明文件,才能认可为国有资产。社会团体法人,由其业务主管部门(以《社会团体法人登记证书》登记内容为准)证明社团不含非公资本。

⑥《报纸出版许可证》复印件。

⑦《报纸出版单位基本信息登记表》。登记表可在国家新闻出版行政部门官方网站下载后填写。

(2)主办单位主体变更。

①拟任主要主办单位所在地省级出版行政主管部门报国家新闻出版行政部门的请示文件。文件的主送单位为国家新闻出版行政部门。正文应明确具体变更内容。省级出版行政主管部门有权力不同意主办单位提出的部分申请,但应在文件中明确说明。

②拟任主要主办单位报所在地省级出版行政主管部门的请示文件。文件的主送单位为所在地省级出版行政主管部门,正文应载明主管、主办、出版单位名称以及拟申请事项内容。拟申请增加主办单位(或拟创办新报有多家主办单位)的,主要主办单位的请示文件须包含拟新增(或设有多家)主办单位的具体理由、必要性论证,以及其主办报纸的资质、条件和承担的责任,同时另附主办方之间的协议或合同。

③主管单位同意文件。文件须针对主办单位提出的申请事项内容作出明确的同意意见，内容须一致。正文应明确具体变更内容，可加盖业务主管部门公章。

④其他主办单位同意文件（多家主办单位、拟新增或退出主办单位须提供）。

⑤拟任主办单位的法人证明文件复印件（《事业单位法人证书》/《企业法人营业执照》/《社会团体法人登记证书》/机关法人证明文件）。主管单位、主办单位及出版单位应具备明确的隶属关系，可通过《事业单位法人证书》《社会团体法人登记证书》等证书证明，也可出具具备法律依据的二者隶属关系的证明文件证明。

⑥拟任主办单位同主管、出版单位之间的隶属关系或出资关系的证明材料。主管单位、主办单位及出版单位应具备明确的隶属关系，可通过《事业单位法人证书》《社会团体法人登记证书》等证书证明，也可出具具备法律依据的二者隶属关系的证明文件证明。出版单位为非法人编辑部的，申报材料中应明确主办单位主体变更后，非法人编辑部为何主办单位的内设机构。

⑦拟任主要主办单位国有资产证明文件（事业单位、机关法人不提供）。经济性质为全民所有制的企业法人提供企业信息登记证明文件，认可为国有资产。企业法人提供《国有资产产权登记证》，认可为国有资产。除上述条件的企业法人，须证明其股东是国有资产（具体要求同上），并提供工商行政部门出具的企业信息登记证明文件，才能认可为国有资产。社会团体法人，由其业务主管部门（以《社会团体法人登记证书》登记内容为准）证明社团不含非公资本。

⑧《报纸出版许可证》复印件。

⑨连续两期最近出版的样报。样报须是截至提交申请材料

前的连续两期最近出版的样报。涉及休刊,应由所在地出版行政主管部门出具休刊证明文件并提供休刊之前出版的最近两期样报。

⑩《报纸出版单位基本信息登记表》。登记表可在国家新闻出版行政部门官方网站下载后填写。

在京单位和军队单位变更报纸主办单位与地方单位变更报纸主办单位所须提供的材料大体相同,可参照准备。

17.报纸变更主管单位如何准备申请材料?

报纸变更主管单位须向国家新闻出版行政部门申请。变更主管单位主要包括两种情况:一是主管单位变更名称;二是主管单位主体变更。变更申请材料分别如下(以地方单位变更报纸主管单位为例):

(1)主管单位变更名称。

①所在地省级出版行政主管部门报国家新闻出版行政部门的请示文件。文件的主送单位为国家新闻出版行政部门。正文应明确具体变更内容。省级出版行政主管部门有权力不同意主办单位提出的部分申请,但应在文件中明确说明。

②主要主办单位报所在地省级出版行政主管部门的请示文件(主管单位加盖公章)。文件的主送单位为所在地省级出版行政主管部门,正文应明确具体变更内容。主管单位直接在主办单位请示文件上加盖业务主管部门公章作为同意意见。

③主管单位变更名称批准文件复印件。

④主管单位的法人证明文件复印件(《事业单位法人证书》/《企业法人营业执照》/《社会团体法人登记证书》/机关法人证明文件)。主管单位、主办单位及出版单位应具备明确的隶属关系,可通过《事业单位法人证书》《社会团体法人登记证书》等证书证明,也可提供具备法律依据的二者隶属关系的证明文件证明。

⑤主管单位的国有资产证明文件(事业单位、机关法人不提供)。经济性质为全民所有制的企业法人提供企业信息登记证明文件,认可为国有资产;企业法人提供《国有资产产权登记证》,认可为国有资产;除上述条件的企业法人,须证明其股东是国有资产(具体要求同上),并提供工商行政部门出具的企业信息登记证明文件,才能认可为国有资产;社会团体法人,由其业务主管部门(以《社会团体法人登记证书》登记内容为准)证明社团不含非公资本。

⑥《报纸出版许可证》复印件。

⑦《报纸出版单位基本信息登记表》。登记表可在国家新闻出版行政部门官方网站下载后填写。

(2)主管单位主体变更。

①所在地省级出版行政主管部门报国家新闻出版行政部门的请示文件。文件的主送单位为国家新闻出版行政部门。正文应明确具体变更内容。省级出版行政主管部门有权力不同意主办单位提出的部分申请,但应在文件中明确说明。

②主要主办单位报所在地省级出版行政主管部门的请示文件。主送单位为所在地省级出版行政主管部门,正文应明确具体变更内容。

③拟任主管单位同意文件。文件须针对主办单位提出的申请事项内容作出明确的同意意见,内容须一致。正文应明确具体变更内容,可加盖业务主管部门公章。

④原主管单位同意文件。

⑤拟任主管单位的法人证明文件复印件(《事业单位法人证书》/《企业法人营业执照》/《社会团体法人登记证书》/机关法人证明文件)。主管单位、主办单位及出版单位应具备明确的隶属关系,可通过《事业单位法人证书》《社会团体法人登记证书》等证

书证明，也可出具有法律依据的二者隶属关系的证明文件证明。

⑥拟任主管单位同主办单位之间的隶属关系或出资关系的证明材料。主管单位、主办单位及出版单位应具备明确的隶属关系，可通过《事业单位法人证书》《社会团体法人登记证书》等证书证明，也可提供具备法律依据的二者隶属关系的证明文件证明。出版单位为非法人编辑部的，申报材料中应明确主办单位主体变更后，非法人编辑部为何主办单位的内设机构。

⑦拟任主管单位的国有资产证明文件（事业单位、机关法人不提供）。经济性质为全民所有制的企业法人提供企业信息登记证明文件，认可为国有资产；企业法人提供《国有资产产权登记证》，认可为国有资产；除上述条件的企业法人，须证明其股东是国有资产（具体要求同上），并提供工商行政部门出具的企业信息登记证明文件，才能认可为国有资产；社会团体法人，由其业务主管部门（以《社会团体法人登记证书》登记内容为准）证明社团不含非公资本。

⑧《报纸出版许可证》复印件。

⑨连续两期最近出版的样报。样报须是截至提交申请材料前的连续两期最近出版的样报。涉及休刊，应由所在地出版行政主管部门出具休刊证明文件并提供休刊之前出版的最近两期样报。

⑩《报纸出版单位基本信息登记表》。登记表可在国家新闻出版行政部门官方网站下载后填写。

在京单位和军队单位变更报纸主管单位与地方单位变更报纸主管单位所须提供的材料大体相同，可参照准备。

18.报纸变更资本结构如何准备申请材料？

报纸变更资本结构须向国家新闻出版行政部门申请。申请材料如下（以地方单位变更报纸资本结构为例）：

(1)省级人民政府出版行政主管部门报国家新闻出版行政部门的请示文件。文件的主送单位为国家新闻出版行政部门。正文应载明报纸出版单位拟申请变更资本结构的基本情况。

(2)报纸主办单位报所在地省级新闻出版行政部门的请示文件。主送单位为省级新闻出版行政部门,正文应载明报纸出版单位拟申请变更资本结构的基本情况。

(3)报纸主管单位同意文件(网络出版单位不需要提供)。主管单位应针对主办单位提出的申请事项内容作出明确的同意意见,内容须一致。

(4)《出版单位变更资本结构申请表》(加盖出版单位公章)。申请表可在国家新闻出版行政部门官方网站下载后填写。

(5)报纸出版单位的《报纸出版许可证》《企业法人营业执照》复印件。须提供报纸出版单位《报纸出版许可证》副本复印件和《企业法人营业执照》副本复印件。

(6)报纸出版单位的企业章程。须加盖工商查询章。

(7)报纸出版单位变更资本结构有关决定或协议。

(8)拟变更投资人的资质证明文件。投资人的《企业法人营业执照》和章程的复印件,章程需加盖工商查询章。个人投资的,提供身份证复印件,并加盖出版单位公章。

(9)《报纸出版单位基本信息登记表》。需加盖主办单位公章。登记表可在国家新闻出版行政部门官方网站下载后填写。

军队单位变更报纸主管单位与地方单位变更报纸资本结构所须提供的材料大体相同,可参照准备。

19.报纸如何变更刊期、开版、登记地、法人代表、地址?如何办理相关手续?

报纸变更刊期,须向省级新闻出版行政部门申请,文件中须说明变更的理由、变更后的刊期、变更的起始时间。省级新闻出版行政部门根据报纸出版情况予以审批。报纸出版单位变更报纸开版、法定代表人或者主要负责人，以及在同一登记地内变更地址，经其主办单位审核同意后，由报纸出版单位在15日内向所在地省级新闻出版行政部门备案。报纸变更登记地，须经主管、主办单位同意后，由报纸出版单位到新登记地省级新闻出版行政部门办理登记手续。

20.报纸出版单位休刊和终止出版活动须办理哪些手续？

报纸休刊连续超过10日的，报纸出版单位须向所在地省、自治区、直辖市新闻出版行政部门办理休刊备案手续，说明休刊理由和休刊期限。

报纸休刊时间不得超过180日。报纸休刊超过180日仍不能正常出版的，由国家新闻出版行政部门撤销《报纸出版许可证》，并由所在地省、自治区、直辖市新闻出版行政部门注销登记。

报纸出版单位终止出版活动的，经主管单位同意后，由主办单位向所在地省、自治区、直辖市新闻出版行政部门办理注销登记，并由省、自治区、直辖市新闻出版行政部门报国家新闻出版行政部门备案。

报纸注销登记，以同一名称设立的报纸出版单位须与报纸同时注销，并到原登记的工商行政管理部门办理注销登记。

注销登记的报纸和报纸出版单位不得再以该名称从事出版、经营活动。

（二）报纸的出版

1.出版报纸有哪些违禁内容？

报纸出版不得含有下列内容：

（1）反对宪法确定的基本原则的。

(2)危害国家统一、主权和领土完整的。

(3)泄露国家秘密、危害国家安全或者损害国家荣誉和利益的。

(4)煽动民族仇恨、民族歧视,破坏民族团结,或者侵害民族风俗、习惯的。

(5)宣扬邪教、迷信的。

(6)扰乱社会秩序,破坏社会稳定的。

(7)宣扬淫秽、赌博、暴力或者教唆犯罪的。

(8)侮辱或者诽谤他人,侵害他人合法权益的。

(9)危害社会公德或者民族优秀文化传统的。

(10)有法律、行政法规和国家规定禁止的其他内容的。

(11)以未成年人为对象的出版物不得含有诱发未成年人模仿违反社会公德的行为和违法犯罪的行为的内容,不得含有恐怖、残酷等妨害未成年人身心健康的内容。

2.报纸刊载的内容须符合哪些要求?

报纸开展新闻报道必须坚持真实、全面、客观、公正的原则,不得刊载虚假、失实报道。

报纸发表或者摘转涉及国家重大政策、民族宗教、外交、军事、保密等内容,应严格遵守有关规定。报纸转载、摘编互联网上的内容,必须按照有关规定对其内容进行核实,并在刊发的明显位置标明下载文件网址、下载日期等。

报纸发表新闻报道,必须刊载作者的真实姓名。

报纸出版质量须符合国家标准和行业标准。报纸使用语言文字须符合国家有关规定。

3.报纸刊载虚假报道如何处理?

报纸刊载虚假、失实报道,致使公民、法人或者其他组织的合法权益受到侵害的，其出版单位应当公开更正，消除影响，并依法承担相应民事责任。

报纸刊载虚假、失实报道，致使公民、法人或者其他组织的合法权益受到侵害的，当事人有权要求更正或者答辩，报纸应当予以发表；拒绝发表的，当事人可以向人民法院提出诉讼。

报纸因刊载虚假、失实报道而发表的更正或者答辩应自虚假、失实报道发现或者当事人要求之日起，在其最近出版的一期报纸的相同版位上发表。

报纸刊载虚假、失实报道，损害公共利益的，国家新闻出版行政部门或者省、自治区、直辖市新闻出版行政部门可以责令该报纸出版单位更正。

4.报纸出版中如何正确使用刊号？

一个国内统一连续出版物号只能对应出版一种报纸，不得用同一国内统一连续出版物号出版不同版本的报纸。出版报纸地方版、少数民族文字版、外文版等不同版本（文种）的报纸，须按创办新报纸办理审批手续。

报纸出版单位不得出卖、出租、转让本单位名称及所出版报纸的刊号、名称、版面，不得转借、转让、出租和出卖《报纸出版许可证》。

5.报纸出版中对外形有什么要求？

同一种报纸不得以不同开版出版。报纸所有版页须作为一个整体出版发行，各版页不得单独发行。

6.报纸出版专版、专刊有哪些要求？

报纸专版、专刊的内容应与报纸的宗旨、业务范围相一致，专版、专刊的刊头字样不得明显于报纸名称。

7.报纸出版增期、号外分别有哪些要求？

报纸在正常刊期之外可出版增期。出版增期应按变更刊期办理审批手续。增期的内容应与报纸的业务范围相一致；增期的开版、文种、发行范围、印数应与主报一致，并随主报发行。

报纸出版单位因重大事件可出版号外；出版号外须在报头注明“号外”字样，号外连续出版不得超过3天。报纸出版单位须在号外出版后15日内向所在地省、自治区、直辖市新闻出版行政部门备案，并提交所有号外样报。

8.报纸刊登广告有哪些要求？

报纸刊登广告须在报纸明显位置注明“广告”字样，不得以新闻形式刊登广告。

报纸出版单位发布广告应依据法律、行政法规查验有关证明文件，核实广告内容，不得刊登有害、虚假等的违法广告。

9.对报纸采编和经营有哪些专门要求？

报纸出版单位不得在报纸上刊登任何形式的有偿新闻。

报纸出版单位及其工作人员不得利用新闻报道牟取不正当利益，不得索取、接受采访报道对象及其利害关系人的财物或者其他利益。

报纸的广告经营者限于在合法授权范围内开展广告经营、代理业务，不得参与报纸的采访、编辑等出版活动。

报纸采编业务和经营业务必须严格分开。新闻采编业务部门及其工作人员不得从事报纸发行、广告等经营活动；经营部门及其工作人员不得介入新闻采编业务。

报纸出版单位不得以不正当竞争行为或者方式开展经营活动，不得利用权力摊派发行报纸。

(三)报纸的出版管理

1.什么是属地管理原则?

报纸出版活动的监督管理实行属地原则。省、自治区、直辖市新闻出版行政部门依法负责本行政区域报纸和报纸出版单位的登记、年度核验、质量评估、行政处罚等工作,对本行政区域的报纸出版活动进行监督管理。其他地方新闻出版行政部门依法对本行政区域内报纸出版单位及其报纸出版活动进行监督管理。

2.报纸出版实行哪些管理制度?

报纸出版管理实施报纸出版事后审读制度、报纸出版质量评估制度、报纸出版年度核验制度和报纸出版从业人员资格管理制度。报纸出版单位应当按照国家新闻出版行政部门的规定,将从事报纸出版活动的情况向新闻出版行政部门提出书面报告。

3.报纸如何实施事后审读?

国家新闻出版行政部门负责全国报纸的审读工作。地方各级新闻出版行政部门负责对本行政区域内出版的报纸进行审读。下级新闻出版行政部门要定期向上一级新闻出版行政部门提交审读报告。

主管单位须对其主管的报纸进行审读,定期向所在地新闻出版行政部门报送审读报告。

报纸出版单位应建立报纸阅评制度,定期写出阅评报告。新闻出版行政部门根据管理工作需要,可以随时调阅、检查报纸出版单位的阅评报告。

4.报纸质量管理标准包括哪些内容?

报纸的质量管理标准包括:

(1)办报方针、宗旨、舆论导向。报纸出版必须以中国特色社会主义理论为指导,坚持为社会主义服务、为人民服务的基本方针,坚持四项基本原则和正确的舆论导向,坚持为全党全国工作大局服务的思想,正确宣传党和国家的方针政策,为社会主义精神文明建设和物质文明建设服务。报纸的各项内容必须符合本报的办报宗旨和专业分工范围;在本报的专业分工范围内开展和从事新闻报道及有关信息的传播活动。

(2)依法出版。报纸的各项出版活动必须遵守国家宪法、法律和有关规定,严格执行《报纸出版管理规定》等报纸管理方面的行政法规及有关规章制度。报纸的出版、印刷、发行、登记项目的变更、经营及各项有关活动,都必须符合行政管理方面的审批登记程序。

(3)版面的综合质量。报纸所载内容必须真实、准确。报纸稿件的选用要求具有指导性、新闻性、时效性、可读性,格调高雅、文章生动。报纸版面要求信息量大,内容丰富,充分利用各种新闻体裁和新闻手段。报纸文章标题要求题文相符,表达准确,文字精练,生动形象。报纸栏目设置要求合理、特色鲜明、丰富多彩,符合办报宗旨和专业分工范围。报纸文字校对要求严格准确,无明显差错。每期报纸文字差错率不得高于万分之三。报纸印刷质量要求字体清晰、墨色均匀、套色准确,无缺笔断画、模糊不清的现象。

(4)广告质量。报社经营广告业务必须遵守《中华人民共和国广告法》及其他有关法律法规。报纸刊登任何形式的广告,均应用明显的广告形式刊出或在报纸明显位置注明“广告”字样,严禁刊登“有偿新闻”,以新闻形式刊登广告,收取费用。报纸刊登广告内容必须真实、可信，语言文字必须文明、规范，不得刊登虚假广告，不得违反社会公德或损害国家利益。报纸广告设计应美观、健康。

(5)社会信誉。报纸应在读者中建立良好的整体形象和必要的社会信誉。报社必须满足读者和客户的正当要求，应具有良好的遵纪守法表现及记录。对报纸的社会形象和信誉的综合质量标准，结合新闻出版行政部门的报纸审读、日常管理和社会综合反映(读者来信、社会调查)等手段给予评定。

(6)发行量。发行量应达到与本报专业分工和读者对象范围相适应的水平。发行量指报纸的实际征订、零售数量，不包括赠送、交换的报纸数量。

5.如何对报纸进行年度核验?

年度核验是报纸出版管理的基本制度。省、自治区、直辖市新闻出版行政部门负责对本行政区域的报纸出版单位实施年度核验。年度核验内容包括报纸出版单位及其所出版报纸登记项目、出版质量、遵纪守法情况、新闻记者证和记者站管理等。

《报纸出版许可证》加盖年度核验章后方可继续使用。有关部门在办理报纸出版、印刷、发行等手续时，对未加盖年度核验章的《报纸出版许可证》不予采用。不按规定参加年度核验的报纸出版单位，经催告仍未参加年度核验的，由国家新闻出版行政部门撤销《报纸出版许可证》，所在地省、自治区、直辖市新闻出版行政部门注销登记。

年度核验结果，核验机关可以向社会公布。

6.出现哪些情形对报纸暂缓通过年度核验?

有下列情形之一的，暂缓年度核验：

(1)正在限期停刊整顿的。

(2)经审核发现有违法情况应予处罚的。

(3)主管单位、主办单位未履行管理责任,导致报纸出版管理混乱的。

(4)存在其他违法嫌疑需要进一步核查的。

7.出现哪些情形的报纸不予通过年度核验?

有下列情形之一的,不予通过年度核验:

(1)违法行为被查处后拒不改正或者没有明显整改效果的。

(2)报纸出版质量长期达不到规定标准的。

(3)经营恶化已经资不抵债的。

(4)已经不具备《报纸出版管理规定》第八条规定条件的。

不予通过年度核验的,由国家新闻出版行政部门撤销《报纸出版许可证》,所在地省、自治区、直辖市新闻出版行政部门注销登记。

未通过年度核验的,报纸出版单位自第二年起停止出版该报纸。

8.报纸主办单位对所办报纸出版单位负有哪些职责?

报纸主办单位对所办报纸出版单位负有下列职责:

(1)领导、监督出版单位遵照中国共产党的基本路线、方针、政策和国家的法律、法规、政策以及办社(报、刊)方针、宗旨、专业范围,做好出版工作及有关各项工作;审核出版单位的重要宣传、报道或选题计划,审核批准重要稿件(书稿、评论、报道等)的出版或发表;决定所属出版单位的出版物发行或不发行;对出版单位在出版物内容等方面发生的严重错误和其他重大问题,承担直接领导责任。

(2)依照国家的有关规定为出版单位的设立提供和筹集必要的资金、设备,并创造其他必要条件,办理核准登记手续,依法取得企业法人或者事业单位法人资格。

(3)依照国家的有关规定,决定出版单位经营管理国有资产的责任制形式;遵循国家有关规定和责、权、利相统一的原则,保证出版单位的经营自主权,但应对出版单位各项经营活动切实担负监督职责;监督出版单位严格执行国家财政、税收和国有资产管理的法律、法规,定期进行审计,确保出版单位财产的保值、增值。出版单位为实现社会效益目标而形成政策性亏损,主办单位应当给予相应的补贴或者其他方式的补偿。

(4)审核出版单位的内部机构的设置,考核并提出任免出版单位的负责人的建议,报主管单位批准。

(5)向主管单位汇报出版单位的工作情况,贯彻落实主管单位的有关决定和意见。

(6)承担出版单位或出版物停办后的资产清算、人员安置和其他善后工作。

(7)国家规定的和上级主管部门规定的其他职责。

9.报纸主管单位对所属报纸出版单位及其主办单位有哪些职责?

报纸主管单位对所属的报纸出版单位及其主办单位负有下列职责:

(1)监督出版单位及其主办单位贯彻执行中国共产党的基本路线、方针、政策和国家的法律、法规、政策;采取行政措施和经济措施保证出版单位的出版工作坚持为人民服务、为社会主义服务的方向,坚持以社会效益为最高准则;有权决定所属出版单位的出版物发行或不发行;对出版单位在出版物内容等方面发生的严重错误和其他重大问题,承担领导责任。

(2)审核批准出版单位的重大宣传、报道或选题计划,批准有重要影响的稿件的出版或发表;决定出版单位或出版物的停办或变更，并向新闻出版行政部门提出书面报告。

(3)就主办单位对出版单位的领导和管理工作进行检查、监督、指导，并可提出意见或做出决定。

(4)扶持、协助主办单位为出版单位提供或筹措资金、购置设备。

(5)与主办单位共同负责出版单位或出版物停办后的资产清算、人员安置和其他善后工作。

(6)国家规定的其他职责。

10.报纸出版单位违反出版管理规定，新闻出版行政部门可采取哪些行政措施？

报纸出版单位违反出版管理规定，新闻出版行政部门视其情节轻重，可采取下列行政措施：

(1)下达警示通知书。

(2)通报批评。

(3)责令公开检讨。

(4)责令改正。

(5)责令停止印制、发行报纸。

(6)责令收回报纸。

(7)责成主办单位、主管单位监督报纸出版单位整改。

所列行政措施可以并用。

11.如何下达报纸违规警示通知书？

警示通知书由国家新闻出版行政部门制订统一格式，由国家新闻出版行政部门或者省、自治区、直辖市新闻出版行政部门下达给违法的报纸出版单位，并抄送违法报纸出版单位的主办单位及其主管单位。

12.报纸常见违规行为有哪几类？管理部门如何处罚？

报纸在出版过程中常出现的违规行为包括：

(1) 未经批准，擅自设立报纸出版单位，或者擅自从事报纸出版业务，假冒报纸出版单位名称或者伪造、假冒报纸名称出版报纸。依照《出版管理条例》由出版行政主管部门、工商行政管理部门依照法定职权予以取缔；依照刑法关于非法经营罪的规定，依法追究刑事责任；尚不够刑事处罚的，没收出版物、违法所得和从事违法活动的专用工具、设备，违法经营额 1 万元以上的，并处违法经营额 5 倍以上 10 倍以下的罚款，违法经营额不足 1 万元的，可以处 5 万元以下的罚款；侵犯他人合法权益的，依法承担民事责任。

(2)出版含有《出版管理条例》和其他有关法律、法规以及国家规定禁载内容报纸。依照《出版管理条例》，对触犯刑律的，依照《中华人民共和国刑法》有关规定，依法追究刑事责任；尚不够刑事处罚的，由出版行政主管部门责令限期停业整顿，没收出版物、违法所得，违法经营额 1 万元以上的，并处违法经营额 5 倍以上 10 倍以下的罚款，违法经营额不足 1 万元的，可以处 5 万元以下的罚款；情节严重的，由原发证机关吊销许可证。

(3) 报纸出版单位出卖、出租、转让本单位名称及所出版报纸的刊号、名称、版面，转借、转让、出租和出卖《报纸出版许可证》。依照《出版管理条例》，由出版行政主管部门责令停止违法行为，给予警告，没收违法经营的出版物、违法所得，违法经营额 1 万元以上的，并处违法经营额 5 倍以上 10 倍以下的罚款；违法经营额不足 1 万元的，可以处 5 万元以下的罚款；情节严重的，责令限期停业整顿或者由原发证机关吊销许可证。

(4) 报纸出版单位允许或者默认广告经营者参与报纸的采访、编辑等出版活动。依照《出版管理条例》，由出版行政主管部门责令停止违法行为，给予警告，没收违法经营的出版物、违法所得，违法经营额 1 万元以上的，并处违法经营额 5 倍以上 10

倍以下的罚款，违法经营额不足1万元的，可以处5万元以下的罚款；情节严重的，责令限期停业整顿或者由原发证机关吊销许可证。

(5)报纸出版单位擅自变更名称，合并或者分立，改变资本结构，出版新的报纸，未按规定办理审批手续；报纸变更名称、主办单位、主管单位、刊期、业务范围、开版，未按规定办理审批手续；报纸出版单位未依照《报纸出版管理规定》缴送报纸样本。依照《出版管理条例》，由出版行政主管部门责令改正，给予警告；情节严重的，责令限期停业整顿或者由原发证机关吊销许可证。

13.报纸出版单位的哪些出版行为应给予警告?

报纸出版单位有下列行为之一的，由国家新闻出版行政部门或者省、自治区、直辖市新闻出版行政部门给予警告，并处3万元以下罚款：

(1)报纸出版单位变更单位地址、法定代表人或者主要负责人、承印单位，未按照规定报送备案的。

(2)报纸休刊，未按照规定报送备案的。

(3)刊载损害公共利益的虚假或者失实报道，拒不执行新闻出版行政部门更正命令的。

(4)在其报纸上发表新闻报道未登载作者真实姓名的。

(5)违反规定发表或者摘转有关文章的。

(6)未按照规定刊登报纸版本记录的。

(7)违反规定“一号多版”的。

(8)违反规定出版不同开版的报纸或者部分版页单独发行的。

(9)违反关于出版报纸专版、专刊、增期、号外的规定的。

(10)报纸刊登广告未在明显位置注明“广告”字样，或者以新闻形式刊登广告的。

(11)刊登有偿新闻或者报纸出版单位及其工作人员利用新闻报道牟取不正当利益,索取、接受采访报道对象及其利害关系人的财物的。

(12)以不正当竞争行为开展经营活动或者利用权力摊派发行的。

四、记者证、记者站和新闻采访人员管理

(一)记者证的管理

1.什么是新闻记者?

新闻记者是指新闻机构编制内或者经正式聘用,专职从事新闻采编岗位工作,并持有新闻记者证的采编人员。

2.什么是新闻记者证?新闻记者证有哪些特殊性?

新闻记者证是新闻记者职务身份的有效证明,是境内新闻记者从事新闻采编活动的唯一合法证件,由国家新闻出版行政部门依法统一印制并核发。境内新闻机构使用统一样式的新闻记者证。

新闻记者证由国家新闻出版行政部门统一编号,并签印国家新闻出版行政部门印章、新闻记者证核发专用章、新闻记者证年度核验标签和本新闻机构(或者主办单位)钢印方为有效。其他任何单位或者个人不得制作、仿制、发放、销售新闻记者证,不得制作、发放、销售专供采访使用的其他证件。

3.新闻记者证如何申领?

新闻记者证由新闻机构向新闻出版行政部门申请领取。

中央单位所办新闻机构经主管部门审核所属新闻机构采编人员资格条件后，向国家新闻出版行政部门申领新闻记者证，国家新闻出版行政部门批准后发放新闻记者证。

省和省以下单位所办新闻机构经主管部门审核所属新闻机构采编人员资格条件后，向所在地省、自治区、直辖市新闻出版行政部门申领新闻记者证，由省、自治区、直辖市新闻出版行政部门审核并报国家新闻出版行政部门批准后，发放新闻记者证。

其中，地、市、州、盟所属新闻机构申领新闻记者证须经地、市、州、盟新闻出版行政部门审核后，报省、自治区、直辖市新闻出版行政部门。

记者站的新闻采编人员资格条件经设立该记者站的新闻机构审核，主管部门同意后，向记者站登记地省、自治区、直辖市新闻出版行政部门申领新闻记者证，由省、自治区、直辖市新闻出版行政部门审核并报国家新闻出版行政部门批准后，发放新闻记者证。在地、市、州、盟设立的记者站，申领新闻记者证应报当地新闻出版行政部门逐级审核后，报省、自治区、直辖市新闻出版行政部门。

解放军总政治部宣传部新闻出版局负责军队系统新闻机构新闻记者证的审核发放工作，并向国家新闻出版行政部门备案。

除军队系统外，新闻记者证申领、审核、发放和注销工作统一通过国家新闻出版行政部门的“全国新闻记者证管理及核验网络系统”进行。

4.申领新闻记者证须提交哪些申报材料？

申领新闻记者证须由新闻机构如实填写并提交《领取新闻记者证登记表》《领取新闻记者证人员情况表》以及每个申领人的身份证、毕业证、从业资格证（培训合格证）、劳动合同复印件等申报材料。

5.领取新闻记者证的人员应具备哪些条件?

新闻机构中领取新闻记者证的人员须同时具备下列条件:

(1)遵守国家法律、法规和新闻工作者职业道德。

(2)具备大学专科以上学历并获得国务院有关部门认定的新闻采编从业资格。

(3)在新闻机构编制内从事新闻采编工作的人员,或者经新闻机构正式聘用从事新闻采编岗位工作且具有1年以上新闻采编工作经历的人员。

“经新闻机构正式聘用”是指新闻采编人员与其所在新闻机构签有劳动合同。

6.新闻单位中哪些人员不能申领新闻记者证?

新闻记者证是新闻记者职务身份的证明。非新闻记者职务的不发放记者证。包括新闻单位中的下列人员均不得发放新闻记者证:

(1)新闻机构中党务、行政、后勤、经营、广告、工程技术等非采编岗位的工作人员。

(2)新闻机构以外的工作人员,包括为新闻单位提供稿件或者节目的通讯员、特约撰稿人,专职或兼职为新闻机构提供新闻信息的其他人员。

(3)教学辅导类报纸、高等学校校报工作人员以及没有新闻采访业务的期刊编辑人员。

(4)有不良从业记录的人员、被新闻出版行政部门吊销新闻记者证并在处罚期限内的人员或者受过刑事处罚的人员。

7.新闻记者站的新闻采编人员如何申请记者证?

记者站的新闻采编人员的资格条件经设立该记者站的新闻机构审核,主管部门同意后,向记者站登记地省、自治区、直辖市新闻出版行政部门申领新闻记者证，由省、自治区、直辖市新闻出版行政部门审核并报国家新闻出版行政部门批准后，发放新闻记者证。

在地、市、州、盟设立的记者站，申领新闻记者证应报当地新闻出版行政部门逐级审核后，报省、自治区、直辖市新闻出版行政部门。

8.新闻记者如何使用新闻记者证？

新闻记者从事新闻采访工作必须持有新闻记者证，并应在新闻采访中主动向采访对象出示。新闻机构中尚未领取新闻记者证的采编人员，必须在本新闻机构持有新闻记者证的记者带领下开展采访工作，不得单独从事新闻采访活动。

新闻记者证只限本人使用，不得转借或者涂改，不得用于非职务活动。

新闻记者与新闻机构解除劳动关系、调离本新闻机构或者采编岗位，应在离岗前主动交回新闻记者证，新闻机构应立即通过“全国新闻记者证管理及核验网络系统”申请注销其新闻记者证，并及时将收回的新闻记者证交由新闻出版行政部门销毁。

9.如何更换或补办新闻记者证？

新闻记者证因污损、残破等各种原因无法继续使用，由新闻机构持原证到发证机关更换新证，原新闻记者证编号保留使用。

新闻记者证遗失后，持证人须立即向新闻机构报告，新闻机构须立即办理注销手续，并在国家新闻出版行政部门或者省、自治区、直辖市新闻出版行政部门指定的媒体上刊登遗失公告。

需要重新补办新闻记者证的，可在刊登公告 1 周后到发证机关申请补领新证，原新闻记者证编号同时作废。

10.如何对新闻记者证进行监管？

新闻机构撤销，其原已申领的新闻记者证同时注销。该新闻机构的主管单位负责收回作废的新闻记者证，交由发证机关销毁。新闻记者证每 5 年统一换发一次。

国家新闻出版行政部门和各省、自治区、直辖市新闻出版行政部门以及解放军总政治部宣传部新闻出版局负责对新闻记者证的发放、使用和年度核验等工作进行监督管理。

各级新闻出版行政部门负责对新闻记者在本行政区域内的新闻采编活动进行监督管理。

新闻出版行政部门根据调查掌握的违法事实，建立不良从业人员档案，并适时公开。

11.什么是新闻记者证的年度核验？

新闻记者证实行年度核验制度。由国家新闻出版行政部门和各省、自治区、直辖市新闻出版行政部门以及解放军总政治部宣传部新闻出版局分别负责中央新闻机构、地方新闻机构和军队系统新闻机构新闻记者证的年度核验工作。

新闻记者证年度核验每年 1 月开始，3 月 15 日前结束，各省、自治区、直辖市新闻出版行政部门和解放军总政治部宣传部新闻出版局须在 3 月 31 日前，将年度核验报告报国家新闻出版行政部门。

新闻机构未按规定进行新闻记者证年度核验的，由发证机关注销其全部新闻记者证。

12.新闻记者证年度核验的主要内容有哪些？

新闻记者证年度核验工作由新闻机构自查，填写《新闻记者证年度核验表》，经主管单位审核后，报新闻出版行政部门依法核验。年度核验的主要内容是：

(1)检查持证人员是否仍具备持有新闻记者证的所有条件。

(2)检查持证人员本年度内是否出现违法行为。

(3)检查持证人员的登记信息是否变更。

通过年度核验的新闻记者证，由新闻出版行政部门核发年度核验标签，并粘贴到新闻记者证年度核验位置，新闻记者证的有效期以年度核验标签的时间为准。未通过年度核验的新闻记者证，由发证机关注销，不得继续使用。

13.如何鉴别新闻记者证的真伪？

鉴别新闻记者证的真伪有以下三种方式：

方式一：二维码扫描。用智能手机扫描照片下方的二维码，核验新闻记者证信息，如显示被查询人的样证信息和照片，说明是真记者证；如不显示，说明不是真记者证。

方式二：短信查询。移动手机用户发送“CXXM 记者姓名#单位名称”到 10660840 查询，如收到被查询人的证件信息，说明是真记者证；如收到“您查询的记者信息未找到”等字样，说明不是真记者证。

方式三：网站查询。登陆中国记者网（http://press.gapp.gov.cn/）首页新闻记者证查询栏，输入新闻记者证相关信息，如显示被查询人的样证信息和照片，说明是真记者证；如显示“没有找到您想要查询的内容”等字样，说明不是真记者证。

14.对新闻单位及其工作人员违反《新闻记者证管理办法》的行为有哪些处罚措施？

新闻单位及其工作人员违反《新闻记者证管理办法》的，新闻出版行政部门视其情节轻重，可采取下列行政措施：

（1）通报批评。

（2）责令公开检讨。

（3）责令改正。

（4）中止新闻记者证使用。

（5）责成主管单位、主办单位监督整改。

上述条所列行政措施可以并用。

15.新闻机构工作人员违反《新闻记者证管理办法》的行为有哪些？如何处罚？

新闻机构工作人员常见的违反《新闻记者证管理办法》的行为有：

(1)新闻机构非采编岗位工作人员假借新闻机构或者假冒新闻记者进行新闻采访活动。

(2)新闻记者编发虚假报道，刊播虚假新闻，徇私隐匿应报道的新闻事实。

(3)转借、涂改新闻记者证或者利用职务便利从事不当活动。

(4)未在离岗前交回新闻记者证。

有以上行为之一的，由国家新闻出版行政部门或者省、自治区、直辖市新闻出版行政部门给予警告，并处3万元以下罚款。情节严重的，吊销其新闻记者证；构成犯罪的，依法追究刑事责任。

16.新闻单位常见违反《新闻记者证管理办法》的行为有哪些？如何处罚？

新闻单位常见违反《新闻记者证管理办法》的行为有：

(1)擅自制作、仿制、发放、销售新闻记者证或者擅自制作、发放、销售采访证件。

(2)申请领取记者证时提交虚假申报材料。

(3)没有严格审核采编人员资格或者擅自扩大发证范围。

(4)新闻机构内未持有新闻记者证的人员从事新闻采访活动。

(5)未及时注销已解除劳动关系的人员的新闻记者证。

(6)持证人遗失新闻记者证后，新闻机构未及时办理注销手续。

(7)未履行监管责任，未及时为符合条件的采编人员申领新闻记者证或者违规聘用有关人员。

(8)未公示新闻记者证持有人名单和新申领新闻记者证人员名单,未公布“全国新闻记者证管理及核验网络系统”的网址和举报电话。

(9)未按时参加年度核验。

(10)本新闻机构工作人员出现严重违反《新闻记者证管理办法》的行为。

新闻机构有上述行为之一的,由国家新闻出版行政部门或者省、自治区、直辖市新闻出版行政部门没收违法所得,给予警告,并处3万元以下罚款,可以暂停核发该新闻机构新闻记者证,并建议其主管单位、主办单位对其负责人给予处分。

17.非新闻单位人员违反《新闻记者证管理办法》的行为有哪些?如何查处?

非新闻单位人员常见违反《新闻记者证管理办法》的行为主要有:

(1)擅自制作、仿制、发放、销售新闻记者证或者擅自制作、发放、销售采访证件。

(2)假借新闻机构、假冒新闻记者从事新闻采访活动。

(3)以新闻采访为名开展各类活动或者谋取利益。

社会组织或者个人有以上行为之一的,由新闻出版行政部门联合有关部门共同查处,没收违法所得,给予警告,并处3万元以下罚款,构成犯罪的,依法追究刑事责任。

(二)新闻单位驻地方机构管理

1.什么是新闻单位驻地方机构?

新闻单位驻地方机构,是指依法批准的新闻单位设立的从事新闻采编活动的派出机构。这里的新闻单位主要指：报纸出版单位、新闻性期刊出版单位、通讯社、广播电台、电视台、广播电视台、新闻网站、网络广播电视台及其他新闻单位。

2.新闻单位驻地方机构由谁管理？

国家新闻出版行政部门负责全国驻地方机构的监督管理，制订全国驻地方机构的设立规划，确定总量、布局、结构。县级以上地方新闻出版行政部门负责本行政区域内驻地方机构的监督管理。新闻单位负责其驻地方机构从事新闻采编等活动的日常管理，保障驻地方机构依法运行。

3.新闻单位驻地方机构及其人员从事新闻采编活动有哪些要求？

新闻单位驻地方机构及其人员从事新闻采编活动应当以人民为中心，坚持为人民服务、为社会主义服务，坚持正确的舆论导向，弘扬社会主义核心价值观，弘扬民族优秀文化。

驻地方机构及其人员从事新闻采编活动应当遵守法律法规，尊重社会公德，恪守职业道德，深入基层、深入群众、深入生活，确保新闻报道真实、全面、客观、公正。

驻地方机构及其人员从事新闻采编等活动受法律保护；任何单位和人员不得干扰、阻挠驻地方机构及其人员的正常工作，不得假冒、盗用驻地方机构名义开展活动。

4.新闻单位设立驻地方机构应当具备哪些条件？

国家对设立驻地方机构实行许可制度，未经批准不得设立，任何单位和人员不得以驻地方机构名义从事新闻采编活动。新闻单位不得以派驻地记者方式代替设立驻地方机构从事新闻采编活动。

新闻单位设立驻地方机构应当符合国家新闻出版行政部门

对驻地方机构总量、布局、结构的规划,并具备下列条件:

(1)在派驻地确有新闻采编需要。

(2)有健全的驻地方机构人员、财务、新闻采编活动等管理制度。

(3)有指导、管理驻地方机构的条件和能力。

(4)驻地方机构负责人具有新闻、出版、播音主持等专业的中级以上职称或者有5年以上新闻采编、新闻管理工作经历。

(5)驻地方机构有符合业务需要的持有新闻记者证的新闻采编人员。

(6)驻地方机构有满足业务需要的固定工作场所和经费。

(7)国家规定的其他条件。

此外,申请设立驻地方机构的报纸出版单位,仅限于每周出版四期以上的报纸出版单位,不包括教学辅导类报纸、文摘类报纸、高等学校校报等出版单位。申请设立驻地方机构的新闻网站,仅限于中央主要新闻单位所办中央重点新闻网站。申请设立驻地方机构的新闻性期刊出版单位、广播电台、电视台、广播电视台、网络广播电视台,应当经国家新闻出版行政部门认定。

新闻单位在同一城市只能设立一个驻地方机构。报业集团、期刊集团或者有多家子报子刊的新闻单位应当以集团或者新闻单位名义设立驻地方机构,其下属新闻单位不得再单独设立驻地方机构。

5.新闻单位如何申请设立驻地方机构?

新闻单位设立驻地方机构,须经其主管单位审核同意后,向驻地方机构所在地省、自治区、直辖市新闻出版行政部门提出申请。其中,中央主要新闻单位设立驻地方机构,须先经国家新闻出版行政部门审核同意。中央重点新闻网站设立驻地方机构,须经驻地方机构所在地省、自治区、直辖市网信主管部门审核,并经国家网信主管部门审查同意后，向所在地省、自治区、直辖市国家新闻出版行政部门提出申请。

新闻单位设立驻地方机构，应提交申请书及下列材料：

(1)驻地方机构负责人、新闻采编人员等的基本情况及其从业资格证明。

(2)符合《新闻单位驻地方机构管理办法(试行)》规定的驻地方机构人员编制或者劳动合同、聘用合同等证明。

(3)驻地方机构经费来源的证明。

(4)驻地方机构工作场所的证明。

(5)主管单位同意设立驻地方机构的证明。

(6)报纸出版单位出具报纸刊期的证明。

(7)新闻性期刊出版单位、广播电台、电视台、广播电视台、网络广播电视台出具国家新闻出版行政部门认定的证明。

(8)中央重点新闻网站出具国家网信主管部门审查同意的证明。

需要提交的申请书内容包括：

(1)设立驻地方机构的理由。

(2)驻地方机构的业务范围、活动方式。

(3)新闻单位对驻地方机构的管理方式、管理制度和必要的保障条件及管理责任等。

6.设立新闻单位驻地方机构在审批和开展工作上有哪些时效要求？

省、自治区、直辖市国家新闻出版行政部门自受理申请之日起 20 日内，做出批准或者不批准的决定。批准的，发放新闻单位驻地方机构许可证；不批准的，应当说明理由。新闻单位驻地方机构许可证由国家新闻出版行政部门统一印制，有效期 6 年。

新闻单位应当在取得《新闻单位驻地方机构许可证》后 30

日内派遣新闻采编人员等到驻地方机构开展工作。

新闻单位驻地方机构的登记地址、联系方式、负责人、新闻采编人员等发生变更，驻地方机构应当在变更后90日内到所在地省、自治区、直辖市新闻出版行政部门办理变更登记手续。

新闻单位终止其驻地方机构业务活动，应当在30日内到所在地省、自治区、直辖市新闻出版行政部门办理注销登记手续，交回《新闻单位驻地方机构许可证》。

7.新闻单位如何加强对驻地方机构的管理？

新闻单位对驻地方机构的采编工作和正常运行工作负责。为此新闻单位对驻地方机构应建立相应的管理制度。

（1）建立健全新闻线索集中管理和统一安排采访制度，规范驻地方机构的新闻采编活动。

（2）建立规范的驻地方机构人员用工制度，签订劳动合同或者聘用合同，保障员工的薪酬、社会保障等各项权益。

（3）确保驻地方机构正常开展工作所需经费，不得向驻地方机构及其人员下达经营创收指标、摊派经营任务、收取管理费等。

（4）建立健全驻地方机构人员培训和在职教育制度，提升从业人员素质。

（5）建立健全驻地方机构负责人任期、轮岗、审计、约谈、问责等内部管理制度，对出现违法违规问题造成恶劣影响的，要撤换驻地方机构负责人并依法依规追究责任。

（6）建立健全巡视检查制度，定期开展巡视检查，强化对驻地方机构的日常管理。

（7）建立健全社会监督机制，公示驻地方机构及其负责人、新闻采编人员名单，接受社会监督。

8.新闻单位驻地方机构须严格遵守哪些规定？

驻地方机构作为新闻单位的派出部门，须严格遵守新闻单位相关规定，同时须遵守以下规定：

（1）驻地方机构及其人员不得以承包、出租、出借、合作等任何形式非法转让驻地方机构的名称、证照、新闻业务等。

（2）驻地方机构应当在批准范围内从事与新闻单位业务范围相一致的新闻采编活动。

（3）驻地方机构及其人员不得从事广告、出版物发行、开办经营实体等与新闻采编业务无关的活动。

（4）驻地方机构负责人应当落实国家有关新闻采编的管理规定，对本机构的新闻采编工作全面负责，应建立新闻采编工作记录制度、自查评估制度。

（5）驻地方机构及其人员不得有下列违法违规和违反职业道德的行为：编发虚假报道；有偿新闻、有偿不闻、新闻敲诈；利用职务影响和职务便利要求采访、报道对象及相关单位和人员做广告、订报刊、提供赞助；其他谋取不正当利益的行为；等等。

（6）驻地方机构不得以任何名义设立分支机构、聘用人员，不得与党政机关混合设立，党政机关工作人员不得在驻地方机构兼职。

（7）驻地方机构负责人原则上不得同时在两个以上驻地方机构任职。

9.新闻单位终止驻地方机构业务活动应履行哪些手续？

新闻单位终止其驻地方机构业务活动，应当在30日内到所在地省、自治区、直辖市新闻出版行政部门办理注销登记手续，交回《新闻单位驻地方机构许可证》。

10.新闻单位驻地方机构年度核验重点核查哪些内容？

新闻单位驻地方机构实行年度核验制度。省、自治区、直辖市新闻出版行政部门每两年对本行政区域内驻地方机构统一组织年度核验，重点核查驻地方机构下列内容：

(1)新闻采编工作情况。

(2)负责人、持有新闻记者证的新闻采编人员等变更情况。

(3)是否存在违反《新闻单位驻地方机构管理办法(试行)》的行为及其处理情况。

11.新闻单位驻地方机构接受年度核验须提交哪些材料？

新闻单位驻地方机构应当按时将下列材料报省、自治区、直辖市新闻出版行政部门进行年度核验：

(1)驻地方机构年度工作总结报告。

(2)驻地方机构年度主要新闻报道目录或者证明其新闻采编业绩的有关材料。

(3)新闻单位对驻地方机构的年度评估报告。

(4)其他必需的有关材料。

中央重点新闻网站驻地方机构还应当提供省、自治区、直辖市网信主管部门提出的审核意见。

省、自治区、直辖市新闻出版行政部门应当及时向社会公告年度核验合格的驻地方机构名录；在年度核验中发现驻地方机构及其人员有违法行为的，应当依法处理；对不再具备行政许可法定条件的，应当责令限期改正，未按期改正的，应当依法撤销行政许可。

12.新闻单位驻地方机构有哪些常见的违规行为？有哪些处罚措施？

新闻单位驻地方机构常见违规行为及相应处罚措施有：

(1) 新闻单位所设立的驻地方机构不具备设立条件；新闻单位设立驻地方机构后 30 日内未派遣新闻采编人员等到驻地方机构开展工作。这两种违规行为由国家新闻出版行政部门或者省、自治区、直辖市新闻出版行政部门责令新闻单位限期改正；新闻单位未按期改正的，由省、自治区、直辖市新闻出版行政部门撤销其《新闻单位驻地方机构许可证》。

（2）驻地方机构的登记地址、联系方式、负责人、新闻采编人员等发生变更，或者新闻单位终止其驻地方机构业务活动，未在法定期限内办理有关手续；新闻单位未按规定履行管理驻地方机构的职责，未建立相关制度，落实有关责任；驻地方机构负责人未按规定落实有关责任或者未建立有关制度；驻地方机构未按规定参加年度核验。对以上 4 种违规行为，国家新闻出版行政部门或者省、自治区、直辖市新闻出版行政部门可以采取通报批评、责令公开检讨、责令整改等行政措施，情节严重的，可以给予警告，可以并处 3 万元以下罚款。

（3）新闻单位向驻地方机构及其人员下达经营创收指标、摊派经营任务、收取管理费；非法转让驻地方机构的名称、证照、新闻业务等；从事与新闻采编业务无关的活动或者从事违法违规和违反职业道德行为；驻地方机构违规设立分支机构、聘用人员，与党政机关混合设立，党政机关工作人员在驻地方机构兼职。对以上 4 种违规行为，国家新闻出版行政部门或者省、自治区、直辖市新闻出版行政部门可以采取通报批评、责令公开检讨、责令整改等行政措施，可以给予警告，可以并处 3 万元以下罚款，情节严重的，撤销其《新闻单位驻地方机构许可证》。

（4）擅自设立驻地方机构或者采取假冒、盗用等方式以驻地方机构或者驻地记者名义开展活动。由省、自治区、直辖市新闻出版行政部门予以取缔，可以并处 3 万元以下罚款，没收违法所得。

(三)新闻采编人员的管理

1.新闻采编人员是指哪些人?

新闻采编人员是指在中华人民共和国境内经批准设立的报社、新闻性期刊社、通讯社、广播电台、电视台、新闻网站等新闻单位内的记者、编辑、制片人、主持人、播音员、评论员、翻译等从事新闻采访、编辑、制作、刊播等新闻报道业务的人员。

2.新闻记者享有哪些权利?

新闻记者持新闻记者证依法从事新闻采访活动受法律保护。各级人民政府及其职能部门、工作人员应为合法的新闻采访活动提供必要的便利和保障。任何组织或者个人不得干扰、阻挠新闻机构及其新闻记者合法的采访活动。

我国目前对于新闻记者享有的权利没有明确的法律法规进行规定。根据相关法律法规和实践中的具体情况可知,新闻记者享有以下权利:

(1)合法采集新闻的权利。

新闻记者有权在法律范围内自由接近新闻来源,多方采访、搜集新闻素材。在采访报道范围之内,新闻记者享有充分的采集新闻的权利,任何人不得非法阻挠和干涉;当超出采访报道范围时,该权利只能有限地行使。

(2)独立完成新闻作品并予以发表的权利。

新闻记者有权在法律范围内将采集的新闻素材通过一定的整理、编辑后,在报纸、广播、电视、网络等新闻媒介上公之于众,予以传播。这项权利是第一项采集权的延伸。

(3)公正评论的权利。

新闻记者有权结合新近发生的新闻事实或当前人们关注的与公众利益有关的问题,公平合理地发表自己的观点和见解。

(4)人身不受侵犯的权利。

包括生命健康权、人身自由权、人格尊严权等。

(5)著作权。

新闻记者的新闻作品享有著作权,这些作品不管发表与否均受保护。著作权内容一般包括发表权、署名权、修改权、保护作品完整权。

3.新闻记者有哪些义务?

(1)采访报道应当真实、客观、公正。

真实有两层含义:一是新闻记者要坚持实事求是,深入实际,加强调查研究,不得捕风捉影、道听途说,不得主观臆断或想象虚构,不得为追求轰动效应而篡改歪曲事实。二是一旦发现新闻内容有虚假失实或歪曲之处,新闻记者应当就当事人的要求尽最大努力予以更正,并交媒体发表,或采取其他相应的补救措施,即有错必纠。客观是指新闻记者要坚持唯物主义观点,反映事物的本来面目,正确地、忠实地传播事件的全部真相,不得掺杂新闻记者的个人意见。公正是指对一项有争执的事件,新闻记者应努力发表各方意见,不以偏概全,不偏袒任何一方,不干扰行政司法。采访报道中若有对个人或组织进行批评的内容,应给予受批评者辩解、反驳的机会,以期做到公正。

(2)应保守由其采访报道所得知的秘密。

首先,应保守国家秘密。公民有保守国家秘密的义务,新闻传播活动也应当遵守有关保密规定,不得泄露国家秘密。新闻记者应具体依据《新闻出版保密规定》来履行该项义务。其次,应保守商业秘密。对那些不为公众所知悉,能为权利人带来经济利益,具有实用性并经权利人采取保密措施的技术信息和经营信息,新闻记者未经权利人许可,不得采访报道。最后,应保守职业秘密。

(3)不得用不正当的手段获取新闻。

新闻记者要通过合法和正当的手段获取新闻,尊重被采访者的正当声明和要求。即不能用欺骗、敲诈和威胁等方法来获得事实。

(4)不得利用采访报道牟取任何非法利益。

我国新闻工作者职业道德要求新闻记者禁止刊载有偿新闻,不得向采访报道对象索要钱物,不能接受被采访报道一方的礼金或有价证券;记者不得从事广告或其他经营活动,从中牟利。

4.我国在保障新闻采编人员合法权益方面有哪些规定?

(1)党政机关及其工作人员要为新闻机构合法的新闻采访活动提供便利和必要保障。

(2)新闻采编人员合法的新闻采访活动受法律保护,任何组织和个人不得干扰、阻碍新闻采编人员合法的新闻采访活动。

(3)新闻单位要为所属新闻采编人员从事新闻采访活动提供必要保障。

(4)新闻单位加强对新闻采编人员的考核、培训、教育和管理,及时为符合资格条件的新闻采编人员申请发放新闻记者证。同时加强新闻采编人员的安全教育工作,增强新闻采编人员的自我保护意识。

(5)在新闻采访过程中如遇到可能发生冲突的情况,新闻采编人员应迅速与有关党政部门取得联系,请求协调或援助,有关部门应及时进行协调或提供援助。

(6)新闻记者证是我国境内新闻单位的新闻采编人员从事新闻采访活动使用的有效工作身份证件,由国家新闻出版行政部门统一印制并核发,其他单位和个人不得制作、仿制新闻记者证,不得制作、发放专供采访使用的其他正式证件。

5.什么是新闻采编人员的回避制度?

新闻采编人员从事新闻报道活动时如遇以下情形应实行回避,并不得对稿件的采集、编发、刊播进行干预或施加影响:

(1)新闻采编人员与报道对象具有夫妻关系、直系血亲关系、三代以内旁系血亲以及近姻亲关系。

(2)新闻采编人员采访报道涉及地区系本人出生地、曾长期工作或生活所在地。

(3)新闻采编人员与报道对象属于素有往来的朋友、同乡、同学、同事等关系。

(4)新闻采编人员与报道对象存在具体的经济、名誉等利益关系。

6.确保新闻事实准确要求新闻采编人员遵守哪些规定?

新闻采编人员必须坚持新闻真实性原则。要把真实作为新闻的生命,坚持深入调查研究,报道做到真实、准确、全面、客观。一是要通过合法途径和方式获取新闻素材,新闻采访要出示有效的新闻记者证;认真核实新闻信息来源,确保新闻要素及情节准确。二是报道新闻要不夸大、不缩小、不歪曲事实,不摆布采访报道对象,禁止虚构或制造新闻;刊播新闻报道要署作者的真名。三是摘转其他媒体的报道要把好事实关,不刊播违反科学和生活常识的内容。四是刊播了失实报道要勇于承担责任,及时更正致歉,消除不良影响。

7.新闻采编人员如何杜绝有偿新闻?

有偿新闻是新闻工作者采取不正当手段向采访报道对象索取物质报酬的活动。有偿新闻还包括故意隐匿和扣押新闻的活动。有偿新闻是任何意识形态、任何社会制度的新闻从业人员都不齿的行为。无论东方、西方,有偿新闻都是新闻职业道德所明令禁止的。新闻采编人员在采编过程中应严禁有偿新闻，不得利用采编报道牟取不正当利益，不得接受可能影响新闻报刊客观公正的宴请和馈赠，不得向采访报道对象或利益关系人索取财物和其他利益，不得从事与职业有关的有偿中介活动，不得个人经商办企业，不得在无隶属关系的其他新闻单位或经济组织兼职取酬。

8.新闻采编人员如何执行新闻报道与经营活动分开的规定？

新闻采编人员应严格执行新闻报道与经营活动分开的规定。不得以记者、编辑、审稿人等身份拉广告，不得以新闻报道换取广告，不得以变相新闻形式刊播广告内容，不得利用采编活动要求采访报道对象订阅报刊，严禁以批评曝光、编发内参等方式要挟采访报道对象订阅报刊、投放广告或提供赞助。

9.新闻采编人员如何规范使用社交媒体？

鼓励新闻采编人员使用社交媒体。新闻采编人员开通个人微博，必须分清个人行为与职务行为，必须服从单位对个人微博的领导和管理，自觉抵制有害信息的渗透和传播。新闻采编人员使用社交媒体发新闻要审慎，视同媒体发稿；发表观点要讲理据，谨防偏激、夸张、乖戾、敌对等文字出现。不发表任何正在进行或新闻单位要求不得外泄的工作信息；未经媒体或新闻单位许可，不得擅自发表任何本媒体未曾公开发表的单位信息；未经允许，不得使用工作身份在社交网络上公开进行任何工作性承诺；在社交网络上讨论涉及过往工作内容时，应避免未发表部分，以免泄露新闻单位商业秘密；不得言及新闻单位的工作计划。

10.新闻从业人员以职务身份发布微博、微信有哪些规定？

《关于加强新闻采编人员网络活动管理的通知》要求进一步

加强博客和微博管理。新闻单位设立官方微博，须向其主管单位备案，并指定专人发布权威信息，及时删除有害信息。新闻采编人员设立职务微博须经所在单位批准，发布微博信息不得违反法律法规及所在媒体的管理规定，未经批准不得发布通过职务活动获得的各种信息。

11. 新闻采编人员不良从业行为包括哪些方面？

新闻采编人员不良从业行为主要包括：

(1)以提供虚假、伪造的证明文件等欺骗手段申领新闻记者证。

(2)利用新闻采编工作之便从事广告、发行等经营活动。

(3)被吊销新闻记者证且未满 5 年的人员从事新闻采编活动。

(4)编写虚假新闻，包括在采写新闻报道中采取凭空捏造、无中生有、隐瞒事实、制造假象等方式，造成发表的新闻报道与事实严重不符的行为。

(5)从事有偿新闻活动，包括为发表新闻报道而主动索取或者被动收受采访对象或者利益关系人的财物等行为。

(6)徇私隐匿应报道的新闻事实，包括为不发表新闻报道而主动索取或者被动收受采访对象或者利益关系人的财物等行为。

(7)其他以新闻采访为名谋取不正当利益的活动，包括利用舆论监督进行敲诈勒索、打击报复等滥用新闻采访权利的活动。

(8)因新闻采编违法活动被追究刑事责任。

(9)其他违反新闻出版管理法规、规章等有关规定的行为。

12.如何查询新闻采编人员不良从业行为记录？

国家新闻出版行政部门根据登记结果建立全国新闻采编人

员不良从业行为记录查询系统，定期通报情节恶劣或者造成严重影响的不良从业行为，社会公众可以通过中国记者网查询不良从业行为记录。

13.被列入不良从业行为记录的人员有哪些限业规定？

被列入不良从业行为记录的人员按照以下规定期限限制从事新闻采编工作：

(1)存在以提供虚假、伪造的证明文件等欺骗手段申领新闻记者证或者利用新闻采编工作之便从事广告、发行等经营活动的，3 年内不得从事新闻采编工作。

(2)存在被吊销新闻记者证且未满 5 年的人员从事新闻采编活动的，限业期限增加 3 年。

(3)存在编写虚假新闻，或者从事有偿新闻活动，或者徇私隐匿应报道的新闻事实，或者其他以新闻采访为名谋取不正当利益，或者被吊销新闻记者证的，5 年内不得从事新闻采编工作。

(4)存在因新闻采编违法活动被追究刑事责任的，终身不得从事新闻采编工作。

(5)存在其他违反新闻出版管理法规、规章等有关规定的行为的，视情节严重程度，3～5 年内不得从事新闻采编工作。

被列入不良从业行为记录的新闻采编人员限业期满后，由国家新闻出版行政部门注销其不良从业行为记录登记，留存其不良从业行为记录档案。被列入不良从业行为记录的新闻采编人员重新获得新闻采编从业资格后，3 年内再次违反新闻出版法规的，终身不得从事新闻采编工作。

14.被列入不良从业行为记录如何申诉？

被列入不良从业行为记录的人员可以进行申诉。省级以上新闻出版行政部门在确定新闻采编人员不良从业行为记录前，应事先向当事人告知拟将其列入新闻采编不良从业行为记录的事实、理由和依据，当事人应在接到告知书之日起 7 日内提出陈述和申辩。以新闻出版行政部门的行政处罚决定书和人民法院的判决书等有效文书作为认定新闻采编不良从业行为记录依据的，无须另行告知当事人。

被列入不良从业行为记录的人员对不良从业行为的认定存在异议，可向新闻出版行政部门申请撤销不良从业行为记录的登记，并提供相关有效证据，经省级以上新闻出版行政部门重新调查核实后，根据调查结果由国家新闻出版行政部门做出撤销登记或者不撤销登记的决定，并以书面形式告知当事人。

15.关于报刊社社长、总编辑(主编)任职条件有哪些规定?

报刊社社长、总编辑(主编)任职须符合以下条件:

(1)报刊社社长、总编辑(主编)应有较高的马克思主义理论修养和政策水平，有强烈的事业心和高度的责任感，有积极的开拓精神和良好的职业道德。

(2)报刊社社长、总编辑(主编)应坚持中国特色社会主义理论和党的基本路线，坚持为人民服务、为社会主义服务的方针，坚持为全党全国大局服务的原则，执行社会主义新闻出版的工作方针和政策，遵守国家的有关法律、法规。

(3)报刊社社长、总编辑(主编)应熟悉报刊编辑出版及经营管理业务，熟悉与报刊有关的专业知识，具有较丰富的采编工作经验和较高的写作能力，胜任终审定稿工作，有较强的组织协调和经营管理能力。

(4)报刊社社长、总编辑(主编)须参加国家新闻出版行政部门(或本省、自治区、直辖市新闻出版行政部门)按相应岗位规范和培训要求举办的培训班，并取得社长、总编辑(主编)《岗位培训合格证书》。

16.报社社长、总编辑任职须具有什么专业技术资格?

报社社长、总编辑应具有以下专业技术资格:

(1)中央及国务院各部委、直属机构主办的报纸,地方省级党委机关报,其社长、总编辑应具有副高级以上(含副高级)的新闻专业技术职称,或相应专业技术职称,并有5年以上编采工作经历。

(2)省、自治区、直辖市厅局级主办的报纸,地区(市)党委机关报,其社长、总编辑应具有副高级以上(含副高级)的新闻专业技术职称,或相应专业技术职称。

(3)其他报纸,其社长、总编辑应具有中级以上(含中级)的新闻专业技术职称。

17.关于报刊社领导持证上岗有哪些规定?

报纸期刊主要负责人应在任职前或任职当年或任职后半年内参加岗位培训并取得国家新闻出版行政部门统一印制的《岗位培训合格证书》,证书有效期为5年,在证书有效期满的当年应再次参加岗位培训。

第二部分 期刊出版

一、基本知识

1.什么是期刊？期刊和图书有什么不同？

期刊是出版物的重要类型，是用印刷方式复制、以纸张为载体、不可重印的连续性出版物。《期刊出版管理规定》中所称的期刊，又称杂志，是指有固定名称，用卷、期或者年、季、月顺序编号，按照一定周期出版的成册连续出版物。

期刊作为重要的出版物类型，有着与图书明显不同的区别性特征：一是连续性，可以无限期地连续出版不同内容的单册期刊；二是时效性，贴近现实社会生活和学术文化前沿，信息传达较新，传播速度较快；三是周期性，按固定周期出版；四是一次性，不能再版或重印，仅可出版作为资料保存的合订本或精选本等；五是定向性，每种期刊都有明确的办刊宗旨和特定读者群。

2.期刊有哪些基本要素？

构成期刊的要素有六点：一是固定名称；二是连续出版；三

是按一定的周期出版；四是用卷、期或者年、季、月按顺序编号；五是相对固定数量的页面集合成册并有封面；六是由众多作者的不同作品汇编成册。

3.什么是期刊的外在形态？

期刊的外在形态指期刊区别于图书和报纸的外表形态。

期刊和图书都采用成册的方式，但同一种期刊的开本、厚度较固定，面封、底封、书脊、书口、书顶、书根较固定。

期刊和报纸不同，期刊是按不同开本装订成册的集合形态，报纸则采用大纸张折叠的散页形态。

4.什么是期刊的出版周期？什么是期刊的年、卷、期？

期刊的出版周期，指两期期刊出版时间之间的间距，从一周到一年不等。根据这一时间间距，期刊按出版周期分为周刊、旬刊、半月刊、双月刊、季刊、半年刊、年刊等。

期刊按出版时间分为年、卷、期。年指期刊出版的当年年份，以公元年表示；卷是一定时间段内全部期刊的编号，一般一年为一卷，从期刊创刊开始按年度顺序累加编号，但也有以其他时间作为一卷的，比如 *nature* 以两个月为一卷；期是一卷或一年内依时间顺序出版发行的期数的编号。

5.什么是期刊的增刊和专刊？

期刊的增刊指在期刊按正常时间出版的期数之外因特殊需要临时增加的期数。按《期刊出版管理规定》，每种期刊每年可以出版两期增刊。

期刊的专刊是期刊针对某一特定主题出版的刊物，其形式可以是正常出版的期数之外的增刊，也可以是正常出版的期数之内的正刊。以增刊形式出版专刊，需要按《期刊出版管理规定》办理相关手续。

6.什么是期刊的信息时效与内在容量?

期刊的信息时效指期刊文章涉及内容与期刊出版之间的时间间隔及其效率。期刊刊登的内容太多与社会现实有较密切关系或处于学术前沿,由于出版周期的原因,期刊的信息时效多数情况下要短于图书而长于报纸。

期刊的内在容量指期刊能够容纳的内容总量。期刊每期篇幅相对固定,内在容量相对恒定。和图书相比,缺乏图书内在容量的灵活性,期刊内在容量因此有可能小于图书。和报纸相比,期刊信息时效较长,可能集中容量讨论一些较大的问题。

7.什么是期刊的刊名?

刊名即期刊名称。期刊的刊名应是唯一的,不得与其他已有的期刊名称重复。

由同一主要责任单位出版的系列期刊,有的还分为主刊名和版本刊名,主刊名相同,版本刊名标明同一主刊名下的不同版本。多数高等学校学报都有不同的版本,比如《西南大学学报》《重庆大学学报》等都有社会科学版和自然科学版。主刊名相同而版本刊名不同的期刊,是两种各自独立的期刊,拥有各自独立的出版标识。

8.什么是期刊主要责任单位?

期刊主要责任单位包括期刊的主管单位、主办单位和出版单位。

期刊主管单位是主办单位的上级管理部门。

期刊主办单位是出版单位的上级领导部门,但同时应为其主管单位的隶属单位。

期刊出版单位是指依照国家有关规定设立,经国家新闻出版行政部门批准并履行登记注册手续的期刊社。法人出版期刊不设立期刊社的，其设立的期刊编辑部视为期刊出版单位。期刊出版单位具体负责期刊出版事宜。期刊出版单位和主要主办单位须在同一行政区域。

9.什么是期刊出版标识？

期刊出版标识包括期刊编号、刊期、期刊版式设计等。

期刊编号指期刊在编辑出版过程中所采用的卷、期、年、月标识，可采用卷号和（或）总期号方式标识，凡采用卷号和总期号标识的期刊，其卷号和（或）总期号应连续编排，不应随意更改，不得使用卷号和总期号代替年、月、期号。

期刊刊期指一种期刊每年出版的频次，按期刊的刊期可分为周刊、旬刊、半月刊、双月刊、季刊、半年刊、年刊等。一种期刊的每一期应为一册。

期刊版式设计指期刊的封页、目录页和正文页设计。

10.什么是期刊版权页？

期刊版权页是期刊出版情况的记录，列载供国家版本管理部门、出版发行单位、信息资源管理等部门使用的版本资料。期刊版权页应记录期刊名称、主管单位、主办单位、出版单位、印刷单位、发行单位、出版日期、总编辑（主编）姓名、定价、国内统一连续出版物号、广告经营许可证号。

11.什么是期刊 ISSN(国际标准连续出版物号)？

期刊 ISSN 即国际标准连续出版物号，又称国际标准刊号，是连续出版物的代码标识，由 ISSN 中心负责分配。国际标准连续出版物号的结构格式为：ISSN XXXX-XXXX。

国际标准连续出版物号由前缀 ISSN 和 8 位数字组成。ISSN 与 8 位数字之间空半个汉字空。8 位数字分为两段，每段 4 位数字，中间用半字线“-”隔开。8 位数字的最后一位是校验码。国际标准连续出版物号不反映连续出版物的语种、国别或出版者。

12.什么是期刊的刊号？什么是期刊的分类号？

期刊的刊号即国内统一连续出版物号。其性质、结构、地区代码与报纸相同(参照第4页“什么是报刊的国内统一连续出版物号?”)。

期刊的分类号用以说明期刊的主要学科范畴。目前,期刊的分类号按《中国图书馆图书分类法》的基本大类给出,其中文化教育(G类)、自然科学(O类)和工业技术(T类)的期刊按该分类法的二级类目给出。主要分类如下：

A 马克思主义、列宁主义、毛泽东思想、邓小平理论

B 哲学、宗教　　C 社会科学总论

D 政治、法律　　E 军事

F 经济

G 文化、科学、教育、体育(包括G0 文化理论,G1 世界各国文化与文化事业,G2 信息与知识传播,G3 科学、科学研究,G4 教育,G8 体育)

H 语言、文字　　I 文学

J 艺术　　K 历史、地理

N 自然科学总论　　O 数理科学和化学

P 天文学、地球科学　　Q 生物科学

R 医药、卫生　　S 农业科学

T 工业技术　　U 交通运输

V 航空、航天　　X 环境科学、安全科学

Z 综合性期刊

以《课堂内外》(高中版)为例,《课堂内外》(高中版)为G文化、科学、教育、体育类中的教育类,其刊号为:CN50－1080/G4。

13.什么是期刊条码?

期刊条码即期刊的条形码,是出版物条形码的一种,是中国标准刊号机读形式,是由一组根据 EAN 规则排列的条、空及其对应字符组成的表示一定信息的出版物标识。凡在中国注册并获准使用 ISBN、ISSN、ISRC 号的出版单位,必须办理和使用出版物条码。期刊的条码须向国家新闻出版行政部门的条码中心申办。无条码的期刊或所印条码不符合质量标准的期刊不得上市销售。

14.期刊怎样分类?有哪些分类标准?

期刊分类有多种角度,可以按内容性质、出版周期、读者对象、载体性质、主办单位、学术影响等进行分类。

第一,按内容性质分类。国家对期刊的管理和评价,主要按内容性质来对期刊进行两级分类。第一级是将期刊分为社会科学期刊和科学技术期刊两个大类。第二级是对两个大类进行细分:社会科学期刊分为七类,分别是学术理论类、工作指导类、时事政治类、文学艺术类、综合文化生活类、教学辅导类、信息文摘类;科学技术期刊分为五类,分别是指导(综合)类、学术类、技术类、检索类、科普类。

第二,按出版周期分类。可分为周刊、旬刊、半月刊、月刊、双月刊、季刊、半年刊、年刊等。年刊较为特殊,主要是年鉴类。

第三,按读者对象分类。一是按读者接受领域的不同需求,分为专业期刊和大众期刊;二是按读者年龄层次和性别的不同需求,分为老年、青年、少年儿童、女性时尚类等类型的期刊。

第四,按载体性质分类。可分为纸质期刊、缩微胶片期刊、电子载体期刊。

第五,按主办单位分类。一是学术团体、研究机构和高等院校编辑出版的期刊；二是出版社、报社出版的期刊；三是政府有关部门编辑出版的期刊；四是公司企业出版的期刊。

第六，按学术影响分类。可分为核心期刊和非核心期刊。

15. 什么是学术期刊？

根据《关于规范学术期刊出版秩序促进学术期刊健康发展的通知》，学术期刊是指经国家新闻出版行政部门批准，持有国内统一连续出版物号，领取期刊出版许可证，以刊载研究发现和创新成果的学术论文、文献为主的定期连续出版物。

学术期刊由国家新闻出版行政部门认定，应符合以下条件：由科研教学机构、学术团体或具备学术出版能力的出版社、报刊社主办；经国家新闻出版行政部门批准的办刊宗旨及业务范围明确为学术研究与交流等；出版单位拥有相应的符合条件的学术编辑人员和其他必需的办刊条件；刊发的学术论文、文献或在理论上有创新见解，或在实践中有创新应用，或具有重要的文化积累价值；刊发的学术论文、文献具有严谨的格式规范；执行严格规范的组稿、编辑、审稿和同行评议制度。

根据上述精神，国家新闻出版行政部门对学术期刊实行认定制度，进入国家新闻出版行政部门认定的学术期刊名单的期刊，才是正式的学术期刊。

16. 专业性学术期刊和综合性学术期刊有什么不同？

专业性学术期刊是指论文发表范围为某一专业学科或专业领域的学术研究期刊。

综合性学术期刊是指论文发表范围涵盖多学科或多个专业领域的学术研究期刊。

两类学术期刊相比较而言，专业性学术期刊具有类聚性优势，更容易聚集某个学科的专家对该学科相关问题进行专门探讨。专业性学术期刊提供的专门平台集中展示该学科领域的研究成果，也便于研究人员查询相关信息。但专业性学术期刊的优势同时也是其局限，即专业性学术期刊学科单一化，难以进行跨学科、交叉学科研究成果的策划和发表。

综合性学术期刊的优势在于跨学科的宏大视野，由于涵盖多学科、多领域，易于形成不同学科领域之间的交互，开拓新的领域。同时，由于我国有以高等学校为主办单位创办高校学报的传统，也为多学科的研究机构提供了学术成果发表平台。但综合性学术期刊的劣势也是显而易见的，往往存在着学科求全、聚焦零散的不足，形成了综合性学术期刊在评价上的劣势，导致综合性学术期刊的影响因子往往不如专业性学术期刊。

由于专业性和综合性学术期刊的不同特点，在期刊数据库收录及评价时，一般采取分类评价的办法。如CSSCI（2017—2018）收录的553种学术期刊中，就将“综合社科期刊”47种和“高校综合性学报”70种与专业性期刊分列开来。其他期刊数据库也大多采用类似办法。

17.什么是高校学报？

高校学报即高等学校学报，根据教育部《高等学校学报管理办法》，高等学校学报是高等学校主办的、以反映本校科研和教学成果为主的学术理论刊物，是开展国内外学术交流的重要园地。

随着我国学术的发展，目前，高校学报已不限于以反映本校科研和教学成果为主，而是进一步强化了国内外学术交流的功能，高校学报常常大量发表校外的科研成果，也发表一部分海外的科研成果。

综合性高等学校的学报一般是综合性学术期刊，多数学报分为自然科学版和社会科学版（或称为人文社会科学版、哲学社会科学版),也有部分学报还分为教育科学版、工程科学版、信息科学版、医学版等版别。

18.什么是核心期刊?

核心期刊即学科核心期刊,根据北京大学图书馆主编的《中文核心期刊要目总览》,将采用文献计量学方法筛选出的学科核心期刊定义为:刊载某学科(或专业)论文较多,能够反映该学科最新成果和前沿动态,使用率(包括被引率、文摘率、流通率等)较高,学术影响力较大,受到该学科(或专业)读者重视的期刊。

核心期刊是一个相对的概念,是根据某学科论文信息和使用情况在期刊中的分布,来揭示一定时期内某学科期刊的发展概貌,为图书情报界、出版界等需要对期刊进行评价的用户提供参考,不具备全面评价期刊优劣的功能,不能作为衡量期刊质量的标准,更不能作为学术评价的标准。要正确理解核心期刊概念,合理使用核心期刊表,避免因不合理使用核心期刊而产生负面作用。

19.什么是期刊评价?

期刊评价指的是运用文献计量学原理对期刊进行评价,从而评估期刊影响力的活动。不同期刊评价系统的评价指标体系略有差异,以下列出几种主要的期刊评价指标体系:

(1)中国科学院文献情报中心《中国科学引文数据库(CSCD)来源期刊遴选报告(2017—2018 年度)》在遴选指标均采用期刊他引频次的基础上,设定了 8 个指标:他引影响因子、他引频次、Eigenfactor Score、Article Influence Score、扩散因子、优秀指数、论文利用指数、互引指数。

(2)北京大学图书馆《中文核心期刊要目总览》自 1992 年开始编制以来,不断丰富评价指标,根据 2014 年版(第 7 版)研究报告，评价指标体系由12项指标组成：被索量、被摘量、被引量、他引量、被摘率、影响因子、他引影响因子、被重要检索系统收录、基金论文比、Web下载量、论文被引指数、互引指数。

(3) 武汉大学《中国学术期刊评价研究报告（武大版）(2017—2018)：RCCSE权威、核心期刊排行榜与指南》的评价指标体系包含7个指标：基金论文比、总被引频次、影响因子、Web即年下载率、社会科学期刊被二次文献转载次数、自然科学期刊被国外重要数据库收录、专家评审。

此外，在南京大学“中文社会科学引文索引”(CSSCI)的评价体系中，总被引频次、影响因子、即年指标是3个最重要的指标。

20.什么是学术期刊的文摘转载？

学术期刊的文摘转载主要应用于社会科学学术期刊领域，指论文在学术期刊首次发表后，被重要二次文献期刊转载或摘要。文摘转载的形式主要有：全文转载、长篇摘要、专题摘要、论点摘编、学术卡片等。

重要二次文献期刊，按《中文核心期刊要目总览》的评价体系，指“人大复印报刊资料全文数据库”及《新华文摘》《中国社会科学文摘》《高等学校文科学术文摘》。

21.什么是学术期刊的分区？

学术期刊分区是一种对期刊学术影响力进行等级划分的学术期刊评价体系。目前主流期刊分区评价体系均基于SCI收录期刊影响因子基础之上进行分区，有汤森路透JCR的Journal Ranking和中科院JCR期刊分区表两种方式。

汤森路透JCR分区体系以学科级别进行分区，将收录期刊分为176个不同学科类别，每个学科分类按照期刊的当年的影响因子高低，平均分为Q1、Q2、Q3和Q4四个区，四个区各占

25%。海外大多数大学和研究机构将其汤森路透JCR分区体系作为期刊影响力评判标准。

中科院JCR期刊分区表将JCR中所有期刊分为数学、物理、化学、生物、地学、天文、工程技术、医学、环境科学、农林科学、社会科学、管理科学及综合性期刊13大类。然后，将13个大类的期刊按照各类期刊三年平均的影响因子分为四个区。前5%为该类一区、6%～20%为二区、21%～50%为三区，其余为四区。中科院分区中四个区的期刊数量是从一区到四区呈金字塔状分布。国内大多数大学和研究机构将中科院JCR期刊分区表作为期刊影响力评判标准。

二、期刊的编辑出版

(一)策划与组稿

1.期刊的编辑出版活动包括哪些阶段?

根据《期刊编辑出版规程》，期刊的编辑出版活动分为以下阶段：

(1)整体策划阶段。

(2)组稿阶段。

(3)审稿阶段。

(4)校对阶段。

(5)样刊监制阶段。

2.什么是期刊整体策划?

根据《期刊编辑出版规程》，“整体策划”包括两方面含义：一是指确定期刊性质和读者对象定位，制订年度出版计划，进行栏目设置；二是指在某个期刊选题项目立项时，对选题内容及期刊编辑、制作、营销全过程所做的战略性筹划。

实施整体策划的目的是：在重视开展调查研究、培养编辑策划能力和形成有利策划工作内部环境的基础上，将编辑过程的各个环节合理组成相互作用、相互影响的有机整体，形成不断创新的编辑策划机制，出精品，创品牌。

3.期刊整体策划包括哪些步骤？

期刊整体策划包括以下步骤：一是制订计划；二是栏目设置；三是选题策划；四是策划方案实施；五是营销及传播方案策划；六是选题立项。完成以上六个步骤之后，就可以进入整体策划实施了。

4.如何进行期刊策划方案制订？

期刊的刊名是在创刊之时就已确定的，期刊的开本也具有较长时期的稳定性。以上两项一般不宜轻易变动，如确实需要变动，属于重大变更事项，已超出一般策划范围。

期刊策划方案制订主要针对一段时间而言，一般以年为单位，当年下半年制订次年期刊整体策划方案。具体进行期刊策划方案制订时，主要是根据期刊性质和读者对象制订年度出版计划，包括栏目设置、选题计划、出刊计划、封面设计、版式设计等。

5.如何进行期刊栏目策划？

期刊栏目又称专栏，是由同类稿件组成的版面集合，是在内容及表现形式上体现出统一特色，有固定的揭示性、概括性名称的板块。栏目可分为重点栏目、特色栏目、一般栏目、常设固定栏目、轮换栏目等。

期刊的栏目设置关系到刊物个性特色的发挥和社会目标的

实现，依据一定的出版意图组织编排，体现编辑的主导思想和风格，是期刊编辑策划工作的重要环节。进行栏目策划，需要重点考虑如下方面：

（1）栏目的主题及名称。

（2）栏目的主要内容、规模及体裁。

（3）栏目的风格特色。

（4）读者对象。

6.期刊选题策划包括哪些环节？

选题即选择题目，指经多方面分析、考量而选中主题后拟实施的期刊出版项目。期刊选题策划包含以下三个环节：

（1）信息采集，从调研入手，有意识、有计划地搜集社会发展信息、科学文化信息、出版行业信息、期刊市场信息、作者和读者信息，掌握大量一手材料。

（2）使用科学方法和现代技术手段对其进行分类、综合、分析。

（3）寻找选题方向，进行选题论证，做好选题策划，进行选题立项。

7.如何做好期刊选题论证？

选题策划是期刊工作的重点之一，选题论证是选题策划的关键。期刊策划要坚持选题论证制度，对选题进行多方面考察，既从微观上论证选题的可行性，又从宏观上考虑各类选题的合理结构。做好选题论证工作要坚持以下三个方面：

第一，选题论证应当坚持在马克思列宁主义、毛泽东思想、邓小平理论、“三个代表”重要思想、科学发展观、习近平新时代中国特色社会主义思想指引下，坚持党的基本路线，贯彻“为人民服务、为社会主义服务、为全党全国工作大局服务”和“百花齐放、百家争鸣”的方针，始终以社会效益为最高准则，在此前提下注意经济效益，力争做到“两个效益”的最佳结合，使选题论证结果符合质量第一的原则，符合控制总量、优化结构、提高质量、增进效益的总体要求。

第二，加强调研工作，充分运用各方面的信息资源和群体的知识资源，进行深入的调查研究，研究有关的学术、学科发展状况，了解读者的需求，掌握期刊市场的供求情况，使选题的确定建立在准确、可靠、科学的基础上。

第三，坚持民主和集中相结合的论证方法进行选题论证。具体的选题论证内容主要包括以下四点：一是选题的精神文化价值，看是否有引导性与独创性；二是选题的市场适应性，看是否有市场的针对性与前瞻性；三是选题的效益分析，看是否以社会效益为前提再获取经济效益；四是选题的可行性，看是否具备选题实施的必要条件。

8.期刊选题计划包括哪些内容？

选题计划是在信息分析的基础上，在期刊内容符合质量要求的前提下，根据文化、政治、经济和社会发展的需要，根据各类读者的不同需求，构思并策划选题，进行选题论证而形成的期刊选题出版计划。选题计划应包括以下五个方面：一是选题的主题及名称；二是选题的内容、规模、体裁；三是选题的价值及预期效应；四是与同类期刊相比较的选题的优点及特色；五是选题的读者对象。

9.如何进行期刊选题立项？

选题立项是在选题策划及其实施方案比较成熟的前提下，申请立项。申请立项涉及如下事宜：

(1)撰写选题报告。选题报告的主要内容包括选题的原因、依据、目的、进度安排、特殊情况及应对措施、社会效益与经济效益的预测、可能会出现的问题及对策等。

(2)进行三级审批。一级为该选题的责任编辑,二级为编辑部主任,三级为期刊主编。

(3)集体论证。一般放在编辑部主任批准之后、送交主编审批之前,由编辑部门、营销部门、财务部门的有关人员参加,论证选题的可行性,供主编决策参考。

(4)建档备案。一般选题经主编批准、签字便成为可以实施的正式项目,由编辑部门实施。

10.如何进行专题策划?

专题指围绕同一主题而组织系列稿件集中推出的期刊内容板块形式。专题不同于专栏,专栏具有较长期的稳定性,专题则是临时策划、组织和编辑的短期栏目。专题策划可按以下步骤进行:

(1)基于产生深远社会影响或较大学术影响的预期,选择好具有重要性、前沿性、深刻性等内容特征的重点、热点、难点问题等作为专题策划的选题。

(2)确定专题的体裁和容量,以及专题是集中在一期还是连续几期刊出。

(3)根据专题的主题进行组稿,使专题各篇稿件的组合具有一定的系统性和完整性。

(4)确定专题的风格特色与读者对象。

11.期刊组稿有哪些方式?

期刊组稿即期刊编辑部门按计划向作者约定和组织稿件,是期刊编辑发现、选择、组织作者完成作品创作的活动。期刊组稿主要包含自采稿、约稿和投稿三类。

12.期刊组稿有哪些步骤?

期刊组稿的整个过程一般包括四个步骤:

第一,组稿的准备。一是明确选题要求,特别是文化内涵、市场需求、选题价值与设计的合理性,增强选题对于作者的吸引力和说服力。二是制订组稿方案,做好充分的准备。三是选择合适的作者。编辑平时要注意收集作者资料,不仅要关注名家、专家,更要善于发现新人,建立作者数据库,在选择作者时做到游刃有余。

第二,联系作者。明确作者人选后,通过各种方式联系作者,与作者进行沟通交流,最终取得作者同意,由作者提供稿件。

第三,商讨撰稿事宜。编辑针对作者稿件初稿与期刊对稿件的要求进行对照,进一步完善稿件,包括内容修改和格式规范修改等,确保稿件质量。

第四,确定约稿关系。通过稿件评审之后,确定采用稿件,与作者形成约稿关系,双方就约稿达成协议。

13.期刊如何组织自采稿件?

自采稿件指期刊工作人员根据期刊整体策划而采写的稿件。组织自采稿件一般有以下步骤:

(1)根据期刊整体策划确定采写选题。

(2)进行信息收集,确定采写计划和人员分工。

(3)根据采写情况进行稿件撰写。

(4)对稿件进行评审,并根据评审情况进行修改,确定是否采用。

14.处理期刊约稿有哪些程序?

约稿是根据期刊整体策划,由期刊编辑向作者预约稿件的活动。根据《期刊编辑出版规程》,约稿应包含以下程序:

（1）选择合适的作者。

（2）与作者商讨撰稿事宜。包括向作者全面介绍选题策划的意图及内容；帮助作者了解稿件的结构、体例；确定作者所要撰写的内容及各部分的篇幅；如需配图，向作者提出有关图稿的要求；约定交稿时间。

（3）与作者签订约稿合同。这一程序在多数期刊以口头或书面要约为准，不一定签订书面合同。

（4）关注作者写作情况。在撰稿过程中，与作者保持联系，随时沟通情况，作者拟出写作纲目后，及时审读并与作者商量修改。

（5）按约定时间收稿。

15.期刊约稿有哪些形式？

根据期刊整体策划，约稿可分为三大类：个别约稿、群体集稿、社会征稿。

个别约稿是编辑向作者个人进行约稿。个别约稿又可分为约作者和约选题两种情况：第一，约作者即编辑根据作者的水平进行稿件预约，比如向著名作家、著名学者的约稿，借助作者知名度和影响力来扩大期刊的社会影响，稿件内容常常是根据作者写什么为主来确定；第二，约选题即编辑根据选题的需要进行稿件预约，比如向熟悉该选题情况的相关人员或专家进行约稿，这是根据选题整体策划的系统性安排，体现选题策划思路，以高水平的内容组合实现策划目的，许多专题策划采用约选题的方式。

群体集稿是编辑通过有效的组织工作，约请一批有实力的作者创作稿件的约稿方式。比如和一些专业机构合作，与机构组织合作设立特色栏目，由机构协助期刊物色作者、提供稿件，期刊负责审稿和编辑出版。

社会征稿指通过一定的传播手段，公布选题计划，向社会广泛公开征求稿件。采用社会征稿的方式进行约稿，主要基于三个原因：一是作者数量基数大，比如面向的是整个学科领域的众多作者；二是选题质量要求高，从众多来稿中进行优化选择，获得最优质的稿件；三是通过社会征稿，向社会宣传期刊的特色，让期刊得到更广泛的认同，从而提高选题和期刊的知名度与影响力。

16.约稿后编辑应做好哪些工作？

与作者建立约稿关系之后，实际上在作者正式提交稿件之前还存在许多变化因素，比如：稿件质量不理想，后期修改难度较大；热点稿、畅销稿可能被其他单位挖走；作者因主客观因素可能耽误出版时机；等等。因此，为确保约稿工作的顺利实施，编辑还要做好以下工作：

(1)当好作者参谋，帮助作者完善写作计划，坚定写作信心，选择最佳写作方案。

(2)做好服务工作，编辑要辅以真诚、热情的服务，全心全意地帮助作者尽早完成稿件。

(3)做好督促工作，由于期刊需要严格按照一定时间节奏按时出版，约稿具有相当强烈的时效性，编辑必须督促作者按照期刊策划的时间点完成稿件，以保证相关栏目按时出刊，确保期刊整体策划的顺利实施。

17.怎样处理期刊投稿？

期刊投稿是作者将自己享有著作权的未发表作品投寄给期刊社并希望被采用的行为。处理期刊投稿有以下方面需要注意：

(1)投稿作者与期刊社的合同法律关系。

作者自投稿之日起便与期刊社形成了合同法律关系，投稿是形成这一关系的前置环节;从合同法角度看,投稿这一民事行为应属于"要约邀请"而非"要约"。最终的法律关系形成,需要满足有投稿→愿接受→遵守事先公约。因而,许多期刊社以"稿约"或"投稿须知"的书面形式在期刊网站或期刊纸本的适当位置对作者投稿进行要约邀请,向期刊投稿即默认接受期刊与作者之间的格式合同关系。作者一旦向期刊投稿,也就认可了期刊与作者之间关于责任和义务的合同规定,同时认可了期刊对稿件的专有权,因而期刊普遍将一稿多投现象进行直接退稿处理,并将一稿多投作为学术不端现象。

(2)处理投稿的主要工作及有关事项。

一是公布投稿地址或邮件地址,如期刊采用投稿系统则公布投稿网址。二是由专人对投稿进行以形式审查为主的初选。三是将通过初选的投稿根据其选题分配到期刊的相关部分,并确定该稿件的责任编辑,由责任编辑按照流程提交选题,进行审批立项。

18.怎样进行期刊的稿件组配?

期刊的稿件组配又称作品组配或稿件组合,是根据期刊结构的要求,为每一期刊物选择长短不一、内容各异的作品并将之合理地组配成一个整体。作品组配通常分栏目进行,由负责各栏目的编辑提出组配设想,经主编审核同意后实施。期刊稿件组配要兼顾每期刊物中重点文章与一般文章的统一,考虑期刊的整体定位和一贯风格,考虑作品的篇数和作品的字数。由于每期期刊页码相对恒定,因而对每期期刊全部作品的总字数需要严格控制。

从组配程序看,根据《期刊编辑出版规程》,稿件组配应包括以下三项内容:

(1)内容设计。内容设计是体现选题设想的作品内容的组织形式。一般采用切割、归类、分层、组合的方法，将作品内容编织起来，使之成为架构合理、层次分明、前后协调、内容完整的组织系统。

(2)形式设计。形式设计是体现选题设想的作品内容的书面表现形式。以贴切、恰当展示作品内容为目的，涉及行文的语体，标题的形式，层次的区别，字体的安排，数字、年代、引文、注释的样式等。凡行文形式可能产生歧义的地方都要做出限定。

(3)美术设计。美术设计是期刊的审美形式，运用艺术手段对期刊整体及各个部件的形式进行艺术构思，做出艺术处理方案。

(二)稿件的审读与录用

1.什么是期刊的三个审级、两道程序、六个环节？

审稿是编辑流程的中心工作。基本要求可以概括为三个审级、两道程序、六个环节。

(1)三个审级：初审、复审、终审。这也就是我们通常所说的三审责任制。

三审责任制是我国长期以来实行的审稿制度。三审责任制就是由初审、复审、终审三个审级组成的审稿制度，简称三审制。三审制的初审、复审、终审要求分别由具备不同期刊出版专业职业资格的人担任，具有从初级到中级至高级的递进特点，前一审级服从后一审级，后一审级制约前一审级，各审级工作侧重点不同，不同审级相互补充。

三审制的各个审级由不同专业职称的人担任。根据《期刊编辑出版规程》的要求，三个审级有不同的责任限定要求：初审由责任编辑负责，责任编辑由具有中级以上出版专业技术职务的人员担任，初级出版专业技术人员可以在责任编辑的指导下从事初审工作，但稿件必须经过责任编辑认可、签批；复审由具有副编审以上专业技术职务的编辑部主任或副主任负责，也可以委托其他正、副编审代审，但必须由具有副编审以上专业技术职务的编辑部主任或副主任复查、决断、签批；终审由具有副编审以上专业技术职务的主编或副主编负责，也可以委托其他正、副编审代审，但必须由具有副编审以上专业技术职务的主编或副主编复查、决断、签批。

三审制是期刊出版单位必须严格坚持的基本制度，任何时候都不能减少审级，各审级的责任也不能互相取代，任何两个环节的审稿工作不能同时由一个人担任。对于难以把握的稿件，同一审级可以适当增加审次。三审制中前一审级对后一审级负责并提供本审级的审稿意见，作为后一审级的审稿基础。后一审级对前一审级起制约作用，并对前一审级的审稿结果做出评判和补充。三审全部通过后才能对稿件做出正式处理意见。经过退回作者修改的稿件，同样也要再次进行三审。

(2)两道程序：审读、审订。

审读即审查阅读，指带着审查的目的进行的稿件阅读，即通常所说的稿件评审。审读旨在从宏观上把关，任务是鉴别稿件是否可以采用，有没有加工基础，最终做出采用、退修、退稿的决断，并对退修的稿件提出修改意见。

审订即审查订正，指带着审查的目的进行的稿件订正，即通常所说的稿件编辑加工，也就是编稿。稿件审订旨在全面把关，任务是对已决定采用并具有加工基础的稿件进行润饰优化、统一规范、消灭差错，使之达到出版水平。

(3)六个环节：初审审读、复审审读、终审审读、初审审订、复审审订、终审审订。稿件审读和稿件审订都需要经过初审、复审、终审三个程序，并严格执行。

2.如何对稿件进行初审审读?

根据《期刊编辑出版规程》,初审审读是稿件三级审读中的第一级审读。

(1)初审审读的任务要求。

初审应通读稿件,在此基础上完成下列审读任务要求:

第一,在对稿件的政治导向、思想倾向和价值(社会价值、科学价值、文化艺术价值等)进行审查的基础上,衡量稿件是否符合内容质量要求,是否符合约稿合同约定,是否具有出版价值。

第二,在指出稿件的立论是否成立、逻辑是否严密、结构是否合理、体例是否妥帖一致、行文是否通顺规范的基础上,审查稿件的体例、结构、形式、文字等方面,分析稿件的优点和不足,对稿件质量做出客观评价,并对稿件发表的效益进行评估。

第三,在上述评估的基础上做出决策:质量、价值都符合要求且具备加工基础的采用;质量、价值基本符合要求但尚不具备加工基础的退修;质量、价值有一项不符合要求的退稿;对准备退修的稿件提出具体修改意见。

第四,写出审读意见,随同稿件一并送交复审。

(2)初审审读意见的撰写。

初审审读是整个审稿工作的基础,要对整个书稿做全面的评估和判断,因此初审审读意见在三审责任制中起着至关重要的作用。一份完整的初审审读意见必须包括以下内容:

第一,稿件的基本情况。包括稿件的来源、稿件的成稿过程、来稿的主要意图,属于专题栏目组成部分的要介绍专题栏目的整体构架和出版情况。如果是组稿,还应介绍组稿的目的、设想和计划。

第二,稿件的内容。要介绍稿件内容范围、主题、结构、规模,如稿件为叙事性作品则应简要叙述其主要情节。如有必要,对稿件内容可以做较详细的介绍。

第三,稿件的作者。要介绍作者的基本情况,包括作者的供职机构、学位、职业、职务、职称及与稿件内容相关的情况。如果是学术论文,还应介绍作者承担的与稿件密切相关的基金项目情况。如果是课题组等集体创作,则应介绍集体创作人员的情况。

第四,稿件的评价。这是审稿的核心内容。要对稿件的性质、层次内容、文字水平、读者对象等进行评价,要写出稿件的优点和不足,并对发表后可能产生的效益进行预估。对稿件中的政治、政策、敏感问题等,要特别做出分析和判断,说明处理方式。对审稿时遇到的不能解决的问题或存在疑虑之处应具体指明并提出初步方案,如送外审或提请复审审核等。

第五,稿件处理意见。即对稿件提出处理意见,并说明采用、退修、退稿的理由。

3.如何对稿件进行复审审读?

根据《期刊编辑出版规程》,复审审读是稿件三级审读中的第二级审读。

(1)复审审读的任务要求。

复审应通读稿件,在此基础上完成下列审读任务要求:

第一,通读全稿,对稿件质量和初审审读意见进行审核与判断,表明自己对初审提出的意见的态度,并对稿件进行总体评价。

第二,处理初审提出的问题或遗留的问题。对原则性问题要注意分析;对于与初审不同的看法,应充分说明自己的意见;对遗留的问题,复审应帮助解决;对不符合质量标准或者有严重问题的初审审读意见,复审应要求其返工。

第三,复审者在把握全稿基本情况的基础上,对某些需要特别注意的部分进行更加深入、细致的审读，站在比初审更高的层次上，以更高的要求来审视稿件，撰写复审审读意见，为终审提供决断依据。

第四，在对初审审读意见进行审核和判断的基础上，提出复审处理意见，写出复审审读意见，随同初审审读意见和稿件一并送交终审。

(2)复审审读意见的撰写。

复审审读意见是对初审审读意见的确认和补充，也是在通读稿件的基础上做出的。复审审读意见主要包括三个方面：

第一，确认初审审读意见。主要是确认初审对稿件的内容、性质、文字水平等各个方面的评价是否准确，对稿件的价值和质量的判断是否准确，对初审预估的效益是否认可。如复审与初审的审读意见不同，则需要在意见中指明，并提请终审进一步判断。

第二，复审补充意见。对初审审读意见中未提及的但需要进一步说明的情况进行补充。

第三，稿件处理意见。复审在审读意见中需要表明自己的审读态度，并对初审提请的问题进行复核，不能做决定的要加以说明并提请终审决定。

4.如何对稿件进行终审审读?

根据《期刊编辑出版规程》，终审审读是稿件三级审读中的第三级审读，也是最后一级审读。

(1)终审审读的任务要求。

终审应浏览稿件，在此基础上完成下列审读任务要求：

第一，在浏览全稿的基础上，根据稿件的内容、性质和初审审读意见、复审审读意见，有目的地重点选读部分章节，充分了解初审、复审的审读意见，对稿件的内容包括思想政治倾向、学术质量、社会效益、是否符合党和国家的政策规定等方面做出评价。

第二，对初审、复审审视过的问题进行思考，做出判断；对初审、复审提出的处理意见给予答复，解决初审、复审提出的问题或遗留的问题。对初审、复审意见相左的情况，终审要在充分了解的基础上做出判断。

第三，根据期刊整体策划、宗旨特色、栏目设置、专业分工、各类结构、品牌打造等特点，决定稿件是否采用。

第四，写出审读意见，随同初审审读意见、复审审读意见和稿件依次退复审、初审，由责任编辑负责三审责任制后续处理，以终审审读意见为依据，对稿件做出采用、退修、退稿处理。

(2)终审审读意见的撰写。

终审审读意见是终审提出的决定性意见。终审审读意见是在认真审核初审审读意见和复审审读意见的基础上做出的。终审审读意见主要包括两个方面：

第一，确认初审、复审的审读意见。对初审、复审的审读意见较一致的稿件表明自己的态度；对初审和复审存在分歧之处，在审读稿件后对两者意见进行确认，如果初审和复审的审读意见分歧较大，或者稿件中涉及重大选题或敏感内容，终审须与初审、复审沟通，在充分听取意见的基础上做出终审判断。

第二，处理意见。对稿件做出最终评价，对初审、复审的审读意见中提请的问题做出判断，对一些重大题材的稿件或涉及民族、宗教、军事、外交等内容的书稿，做出送审决定，表明是否可以发表。

5.哪些稿件需要外审？外审如何进行？

所谓外审，就是将稿件请本期刊出版单位以外的人员进行审读。外审人员包括两种身份：一是相关领域的专家学者；二是相关领域的管理人员。

随着社会分工越来越细，社会科学和自然科学的架构越来越缜密，一个期刊出版单位不可能拥有各个行业或学术领域的顶级人才，对于一些重大选题或专业性特别强的稿件，期刊社无法或者不容易把握其内容，为了提高期刊出版质量，必要时须聘请本单位以外的专家学者进行审读，或根据审查备案的要求将稿件报送有关部门审查。

外审不是三审责任制三级审读的组成部分，只是对三级审读的一种必要补充，因而并非全部稿件都要经过外审环节，只有那些因为期刊出版单位缺少相应专业的编辑人员以致难以把握其中专业性内容质量的稿件才需要进行外审。外审不能替代三级审读中的任何一个审级，即便是送了外审的书稿，同样也需要经过期刊社的三审。外审人员不能担任责任编辑，更不能取代复审或终审，外审意见只供三审审读的决策者参考，不能作为最终决定。但重大选题备案的外审稿件，须按相关审读意见进行修改。

期刊社安排外审时，对于外审者有必要的资格要求：第一，必须是专业人员，有较高的学术专业水平，熟悉学科的最新进展和该学科当前的前沿动态；第二，有较强的文字功底和文字驾驭能力，对出版政策和期刊市场有一定的了解；第三，有较强的学术精神，敢于和善于质疑、发现、扶持有价值的学术创新，没有门户之见，不因稿件与自己观点不同而否定稿件，能做到客观公正。

由于期刊的性质特征，外审在学术期刊的审读中拥有非常特殊的地位。由于学术期刊的稿件专业性非常强，即便同一学科的专业人员，对于不同专业方向的稿件往往也难以把握，因而需要该专业学科方向的专业人员进行外审，这样，外审专业人员与学术稿件的关联度，往往就不只限于一级学科之内，甚至延伸到二级学科、专业方向以及更专门的领域。大部分学术期刊都规定，凡是采用的稿件，必须经过专家外审。对于学术期刊来说，外审已经成了必不可少的环节，体现了学术共同体参与学术期刊建设与发展的学术精神。

6.期刊稿件审读在内容上有哪些要求？

期刊稿件审读在内容上的要求主要包含四个方面，即思想性、科学性、知识性、独创性。在具体的稿件审读过程中，对于不同类型期刊的稿件，可以在上述四个内容方面有所侧重，并不需要面面俱到。

(1)思想性。

思想性指稿件中反映的思想内容和思想倾向，有时与政治性相联系。审稿过程中对思想性的把握，除了审查稿件是否符合《中华人民共和国宪法》对党的方针政策的要求、是否符合国家法律法规的要求之外，还需要特别注意是否反映了健康的思想倾向和先进的文化内涵。

(2)科学性。

科学性指稿件要反映客观事物的真实性和准确性。科学性的具体内容，体现为尊重历史、尊重事实，透过现象揭示事物的本质和规律，准确表述各门学科的基本概念、基本原理和基本规律，正确使用和解释科学术语，认真分析和选择材料，引证真实准确的材料，包括图表和数据等。

(3)知识性。

知识性是稿件能否为读者提供丰富、准确的科学文化知识信息容量和价值。知识性的基本要求是稿件内容应该是经过条理化、系统化的人类优秀文明成果和生产实践的经验总结。

(4)独创性。

独创性是指稿件在内容和形式上的创新特点，是否有超越前人的东西或前所未有的新内容。独创性包括理论创新、技术创新、艺术创新等。

7.学术期刊如何防范学术不端行为?

学术不端行为花样繁多,包括剽窃、伪造、篡改、不当署名、一稿多投等等。学术不端是一种比较复杂的现象。学术期刊要防范学术不端行为,应做到以下几项:

(1)编辑要树立明确的学术规范意识。编辑是抵制和防范学术不端行为的主体,必须具有相应的意识和能力。一是要树立明确的学术规范意识,坚决抵制学术不端行为。二是要明确学术不端行为的构成及具体表现。三是要提高自身的政治思想素质、职业道德素质和学科专业素质,增强科学素养和信息能力,拥有发现学术不端行为的能力。

(2)要在审稿环节把好拒绝学术不端行为的关口。学术期刊的论文专业性很强,范围较广,许多文章并非编辑所能准确判断其原创价值。要建立一支优秀的审稿专家队伍,充分发挥审稿专家在防范学术不端行为方面的作用,加大识别学术不端行为的力度和信度。

(3)优化稿件处理程序,不给学术不端行为提供可乘之机。一是要科学利用学术不端行为检测系统,遵循新投稿检测和刊登前二次检测的原则,提高检测效率和精度,同时尽可能使用在线投稿系统并建立学术期刊之间的信息共享机制,增强识别学术不端行为的科学性,将学术不端行为的危害降到最低。二是要加快稿件处理速度,缩短发表周期,让作者的成果及时面世,消除由于周期错位而导致的重复发表和一稿多投等学术不端现象。

(4)强化作者的学术诚信意识,从源头消除学术不端行为。学术不端行为的源头是作者,学术期刊在录用作者稿件时应签署《学术诚信承诺书》。同时建立学术不端行为的惩罚机制，特别是建立学术期刊之间学术不端行为的惩罚联动机制，出现此类问题及时处理和曝光，提高作者制造学术不端行为的成本，使作者对学术不端行为望而却步。

8.怎样根据审读意见确定审读结论？

审读结论是在三审（包括部分稿件的外审）完成之后，根据终审结论，通过全面衡量稿件质量水平之后做出的是否采用的最终结论。

审读结论一般有采用、退修、退稿三种。

（1）采用是经过三级审读后，对认为符合期刊发表要求的稿件所做出的接受发表的结论。

（2）退修是对基本符合发表要求，但还需作者做进一步修改后才可继续编辑发表的稿件所做的结论，也叫退改。做出退修结论后，编辑需要给作者写退修信。退修信要说明稿件目前存在的问题以及要求进行修改的理由，并提出修改意见，使作者能清楚了解编辑意图，并根据意图进行修订。

（3）退稿是对不符合发表要求的稿件做出的结论。和退修一样，退稿也需要给作者写退稿信。退稿信中要说明稿件未能采用的原因。

（三）稿件的编辑加工与校对

1.期刊编校包括哪些环节？

期刊编校即期刊稿件的编辑和校对。

稿件的编辑环节。按照《期刊编辑出版规程》，期刊审稿阶段有审订环节，包括初审审订、复审审订、终审审订和审订的后续处理。初审审订即责任编辑对稿件进行编辑加工，复审审订和终审审订是对初审审订编辑加工后的稿件进行审订。

稿件的校对环节。作用是将文字差错和其他差错消灭在期刊出版之前，保证期刊编校质量的合格。

2.什么是期刊编辑加工？

期刊编辑加工即《期刊编辑出版规程》所称之审订，是对经三级审读后确定符合期刊发表要求的稿件进行的质量再提高。编辑加工与审读不同，二者有明确分工，审读在于从宏观上把握稿件的整体质量，对稿件做出评价，决定稿件的取舍；而编辑加工则是从微观上着手加工优化稿件，侧重从消灭差错、修饰润色、统一规范等方面进一步提高书稿质量。

编辑加工主要有稿件全文检查、拟订加工方案、进行编辑加工、撰写加工记录等几个步骤：

(1)稿件全文检查，即检查稿件的要件是否齐全、清晰、确定，对未达到要求的，请作者补充完善。

(2)拟订加工方案，即对编辑加工的内容、重点、标准、难点及时间做出详细的安排。

(3)进行编辑加工，即着手对稿件进行加工修改。

(4)撰写加工记录，就是把编辑加工的内容填入记录表，包括已修改的内容和需要复审审订或终审审订定夺的内容。

在编辑加工过程中，有一些事项需要特别注意：

(1)编辑人员要反复审订稿件，在认为有必要进行加工的地方做出记号，在审订中要反复斟酌，与作者密切沟通，深度把握稿件。

(2)要统一编辑加工的标准，最好是能够列出一套标准的体例，要做到全刊体例一致。

(3)从大处着眼，由小处着手，在进行编辑加工时要先确定稿件的整体框架，对稿件的内容、行文格式进行修改确定，然后对稿件各个部分，包括段落、语句、字词等进行润色加工。

(4)留下编辑加工的痕迹，要在原稿上突出经过编辑加工修改的地方，一般采用不同颜色的笔来修改，不同人修改应采用不同颜色的笔，在电子稿上的修改最好留下修改后的备份，以便查证。

(5)不同性质的稿件，编辑加工的侧重点不同，要具体稿件具体分析。

3.如何对稿件进行初审审订？

初审审订是期刊编辑“三个审级、两道程序、六个环节”中审订程序的第一个环节，是由编辑在已经决定采用稿件后对稿件进行的第一个编辑加工环节。根据《期刊编辑出版规程》，已决定采用的稿件可以进入初审审订环节。结合稿件的审读意见，逐字逐句精读稿件；以优化稿件为目的，以达到发表水平为标准，对稿件进行字斟句酌的编辑加工。

初审审订的主要任务和职责包括：

(1)完善原稿的观点，消除政治性差错，纠正思想性差错，订正知识性差错。

(2)优化标题，统一层次，调整结构，润饰文字。

(3)规范标点，规范数字，规范计量，规范符号。

(4)审查图表，核对引文，检查注释，对校目录。

(5)核对索引，审查文献，统一用语，整理附录。

(6)与装帧设计方案融为一体。

(7)需要其他工作配合的要做出批注，签发初审审订意见一同交复审审订。

4.如何对稿件进行复审审订？

复审审订是期刊编辑“三个审级、两道程序、六个环节”中审订程序的第二个环节，是由编辑在对决定采用的稿件进行初审审订后，提交复审审订进行的第二个编辑加工环节。

根据《期刊编辑出版规程》，复审审订要通读稿件，对初审审订的工作做全面检查，处理初审审订的遗漏问题，对初审审订的结果做出评价，对稿件的质量做出判断，对初审审订提出的处理意见做出回应，写出审订意见。同意发稿则签批发稿单，随同全部稿件材料送终审；需要退审则写明理由，指出重审范围、内容，在可能的情况下提出指导性方案，随同全部稿件材料退初审重新审订。

5.如何对稿件进行终审审订?

终审审订是期刊编辑“三个审级、两道程序、六个环节”中审订程序的第三个环节，是对已经通过复审审订的稿件做出最终结论的第三个编辑加工环节。

根据《期刊编辑出版规程》，终审审订要浏览全稿，根据稿件内容、性质和初审审订报告、复审审订意见，有目的地重点选读部分章节。处理初审审订、复审审订的遗漏问题，对初审、复审讨论的问题做出回应，对稿件的内容质量、语言文字质量、体例的一致性、结构的合理性、装帧设计的水平做出判断，重新衡量稿件的价值，做出发稿、退审、退修、退稿的决断，写出审订意见。同意发稿则签批发稿单，随同全部稿件材料依次退复审、初审；需要退审则写明退审理由，指出重审范围、内容，在可能的情况下提出指导性方案，随同全部稿件材料依次退复审、初审；退修、退稿是在特别特殊或不得已的情况下做出的决策，需与复审、初审共同研究具体措施。

6.期刊编辑加工整理稿件需要避免哪些不当做法?

期刊编辑加工整理稿件，是在确认稿件基本质量的基础上确保期刊质量、体现期刊出版单位对稿件严格把关的必要环节，也要注意避免不当的做法。

(1)尊重作者，切忌强加于人。尊重作者就是要尊重作者的著作权。编辑加工整理的职责，是对稿件进行文字性修改，而不是内容性修改。内容性修改应当在审稿环节以退修的方式向作者提出。尊重作者与原稿的具体内容包括：第一，尊重作者的学术观点；第二，尊重作者的写作风格。

(2)改必有据，忌无故妄改。对稿件的修改要有充分的依据和理由，做到改必有据。凡是仅有疑问而没有把握的地方，一定要通过查资料或请教专业人员解决，得到确切结论后才能动笔修改。

(3)依据规范，忌随意改造。编辑加工整理过程中一定要有规范意识，做到“依规办刊”，其中最重要的是各种相关国家标准规范，比如标点符号、数字使用、汉语拼音、参考文献、量和单位等，不能仅仅根据个人的理解随意对原稿规范进行改造。

7.编辑加工怎样消灭原稿差错？

编辑加工的重要任务就是消灭差错。原稿差错包括三个方面：一是政治性、思想性差错；二是语言文字性差错；三是知识性差错。

(1)政治性、思想性差错首先应在审稿过程中解决，但也不免会有遗留问题存在，比如由于数据片面、忽视背景、举例不当等而得出了错误的或与事实不符的结论。在编辑加工过程中，一旦发现这类差错，必须进行消除或修正。

(2)语言文字性差错的消除：一是消灭稿件中的错别字，二是规范稿件中字词的用法，三是改正稿件中有语病的句子，四是除去稿件中多余的字词句，五是修改不正确的标点符号，六是规范数字用法及量和单位的使用。

(3)知识性差错如事实错误、前后矛盾、不合情理等,编辑要大胆怀疑,勤于查证,避免出现常识性错误。

8.编辑加工怎样对原稿进行修改提升?

编辑加工一般不对稿件内容进行修改,但可以从润饰加工的角度对原稿进行提升。

一是调整结构,理清稿件的结构脉络。稿件的整体框架确定后,编辑要在加工整理过程中对稿件的段落层次进行必要的调整,如调整段落的顺序,重新组织各个部分下的二、三级构件,等等,使稿件的结构脉络更加清晰。

二是修正标题,统一结构标志。一篇稿件,不同层次的标题标志应有所不同。编辑在加工整理过程中,要注意进行理清。同一层次的标志保持相同,不同层次的标志采用不同形式的数字表示,或用不同的字体、字号进行区分,避免标志混乱,扰乱读者思维。

三是润饰文字,提高编校质量。润色、修饰文字,指对原稿进行字、词、语句及语法、修辞方面的修改。一是更正原稿中的错字、别字;二是按照相应的国家标准及行业标准,规范原稿中异体字、不规范的简化字、非推荐使用的异形词的用法;三是改正原稿中生造的词语、修辞上不得体的词语、不规范的翻译名称;四是改正多字和漏字;五是改正句子不完整、词语搭配不当、词序不合理、关系不明确等语法错误;五是消除自相矛盾、偷换概念、混淆概念、模棱两可、因果无据、主客颠倒等逻辑错误;六是修改不准确的表述、多余啰唆的表述,使语言文字的表达更简洁,更精确,更流畅。

9.如何编辑加工稿件引文?

引文是期刊稿件的重要组成部分,必须做到恰当、准确。编辑加工稿件引文，主要是检查核对引文，确认引文是否恰当，是否与原文相符，有无断章取义、歪曲原意或张冠李戴等情况。编辑加工引文时，要对下列引文差错进行修改、补充、更正：

(1)引文的作者、题名、出版者、出版时间、页码等来源项标注不全或错误的。

(2)引文文字及标点符号与原文不符、存在错误的。

(3)存在多个版本的引文，所据版本与引用文字不符的。

(4)引文内容上随意截取或拼接，导致断章取义、原意歪曲的。

(5)引文过多，超出论证所需范围的。

(6)重要引文，要保证引文来源的权威性，并在编辑和校对时多次核对。

(7)引用的数据、时间、地点、人物、公式、图片等，同样要仔细核对，确保无误。

10.如何编辑加工稿件标题?

期刊稿件的标题，虽然是由作者自己确定的，但编辑也要仔细推敲，标题必须准确概括相应部分的内容，否则应做修改。同时，标题的风格形式应全文统一，标题的设置要考虑稿件的性质，如学术论文以严肃凝重、直截了当为宜而不宜用形象化的标题，通俗读物以通俗易懂为宜而不宜太专业化，文艺作品以意境深远、精练含蓄为宜而不宜过长及过于直白。

11.什么是期刊校对?

根据《期刊编辑出版规程》，校对工作是期刊生产流程中的独立工序，其作用是将文字差错和其他差错消灭在期刊出版之前，从而保证期刊的传播和积累价值。它与编辑工作相互衔接又相互独立，共同构筑期刊质量保障体系。

校对工作包括两个基本职责：(1)“校异同”，即忠于原稿，依据原稿逐一核对校样，消灭一切排版上的错误，包括文字、数字、符号、标点、图表以及格式等错误。其功能是：保证原稿不错、不漏地转换成印刷文本。这是传统校对的基本功能。(2)“校是非”，即凭借校对人员储备的知识或其他权威的信息、资料来判断原稿中的是非，确认其“是”就通过，确认其“非”就提出疑问，请编辑核实后处理。其功能是：弥补编辑工作的疏漏，使书稿更加完善。由于书稿电子化，目前“校是非”已上升为校对的主要功能。

12.校对人员应具备哪些基本素质？

校对人员应具备下列七项基本素质：(1)熟悉现代汉语通用文字，掌握现代汉字使用规范，能够敏锐地辨识错别字、繁体字、异体字并加以改正。(2)掌握汉语拼音规则、汉语语法规则以及数字、标点、量和单位用法的国家标准，并加以运用，解决稿件相关问题。(3)掌握期刊版面格式知识，对版面格式错误有较强的识别和处理能力。(4)了解学术出版规范，熟练地掌握利用工具书和计算机网络检索资料的方法，能够快捷地查难解疑。(5)熟练地掌握各种校对方法和校对技术，进行稿件校对和文字技术处理。(6)具备比较丰富的知识积累，能够发现并改正违反语法规则和逻辑规则的错误及事实性、知识性、政治性错误。(7)具备良好的心理素质，耐得住寂寞，情绪稳定，注意力集中，能自我调整心理状态，克服心理障碍。

13.校对的基本方法是什么？

校对的基本方法有四种：对校法、本校法、他校法、理校法。

(1)对校法：主要是将原稿与依据原稿录排打印的校样比照“校异同”，若发现校样上与原稿不符的“异”，原则上依据原稿改正校样。

(2)本校法:是一种用本书校本书的校勘方法,集中注意力辨别校样上文字的形态,理解文句的含义,通过比较、前后互证,进行是非判断来发现错误。现代校对的通读检查采用的便是本校法。

(3)他校法:是运用权威的工具书、著作以及国家法定的标准或规范,以其作为判断是非、改正错误的可靠依据,从而达到校对目的。

(4)理校法:理,即推理,理校法即运用自己的知识储备和判断能力,进行分析、推理,从而做出是非判断的校对方法。

四种校对方法必须综合运用。在存在原稿与校样两个客体的情况下,必须首先运用对校法,将校样与原稿对照。电子稿件校对,一校时要将版式转换后的校样与编辑加工过的原稿对校,防范版式转换过程中可能发生的内容丢失和错乱,以及编辑修改部分文字的漏改和错改。之后再运用本校法,发现并改正原稿可能存在的错漏。运用本校法发现了“前后互证”解决不了的问题,则要运用他校法,从相关工具书和权威著作中寻找改错的依据。当无据可查或数本互异时,则可运用理校法进行推理判断。

14.“三校一读”指的是什么?校对和通读的职责各自是什么?

根据《期刊编辑出版规程》,校对阶段的工作分为初校、二校、三校和通读检查四个阶段,称为“三校一读”。

(1)初校的职责,是依据原稿和对校样,完成“校异同”的任务,在文稿质量达到规定标准即差错率为 2/10000 的前提下,做到灭错率为 85%,同时兼顾“校是非”。

(2)二校的职责,是依据原稿和对校样,完成“校异同”的任务,继续消灭初校遗留的错误,并核对初校所改是否正确,做到灭错率为 80%,同时兼顾“校是非”。

(3)三校的职责，是依据原稿和对校样，完成“校异同”的任务，消灭初校、二校遗留的错误，并核对初校所改是否正确，同时兼顾“校是非”。

(4)通读检查的职责，是消灭校对过程中所遗留的所有错误，尤其要注意隐性的政治性、思想性差错以及病句及其他语法错误，还要注意人名、地名、书刊名、组织机构名等的前后统一。

15.什么是编校合一？

编辑和校对是两项职责不同的工作，因而大型出版机构一般都设立了专职校对人员。许多期刊社人员较少，因而未设立专职校对人员，编辑和校对两项职责均由责任编辑承担，称为“编校合一”。由于编辑和校对均为责任编辑，除了责任编辑自身承担初校、二校、三校职责外，许多期刊还增加了不同编辑之间交叉校对和请期刊社之外的专业人员社外校对的程序，以确保最大限度地消灭差错。

16.如何进行电子化校对？

目前期刊编辑排版都已经实现了电子化，期刊校对除了沿袭传统方式之外，也增加了电子化的校对途径，与传统校对相比，电子校对主要在工作方式上发生了改变。一是使用电子文本，在电脑上人工校对，替代纸质三校过程。二是利用校对软件进行机器校对，弥补人工校对的疏漏。但校对软件所采用的语法模型不可能同汉语语言完全吻合，机校报错需要人工进行逐一判断。三是利用数据库、网络资源达到资源共享，配合校对工作，可以大大提高工作效率。

17.校对应关注哪些由计算机系统引起的排版差错类型？

校样中有时会出现不该修改的地方发生了变化，甚至冒出一些奇怪的文字符号的情况。这类差错常常是由计算机系统引起的，主要有以下三种类型：

(1)文字处理软件系统不兼容。用办公自动化的文字处理软件所形成的电子原稿，当用排版软件转换格式后，有时会因两个系统不完全兼容而出现字体、字号、格式变更的错误，特别是不常用的符号更易产生差错。一些复杂的图稿和表格，在不同的计算机上打开，可能出现线条、文字变形甚至乱码、丢失等现象。

(2)简化字、繁体字转换差错。简化字转换为繁体字的情况较为复杂，尤其是一个简化字对应几个繁体字的情况，计算机软件无法做出智能转换，就会导致较多谬误。

(3)感染病毒导致出错。计算机受到病毒感染后，有时会对排版结果造成各种意想不到的严重后果。如发现这类差错，应认真检查全部校样。

(四)编排与设计

1.什么是期刊的编排？

编排指按照一定的目的对期刊内容及形式进行调配和安排。期刊的编排有两个方面：一是稿件的内容调配，即稿件组合或称稿件组配，也就是将不同稿件组合成为一期完整的杂志，是期刊组稿阶段的最后环节；二是对组合后的稿件进行设计，交付排版程序，运用排版软件对稿件进行呈现。

2.期刊设计的总体要求是什么？

完成稿件编排之后要进行期刊设计，包括期刊的装帧设计和版式设计。期刊设计要遵循如下总体要求：一是整体性。对期刊材料与工艺的选择、技术要求和艺术构思要与期刊出版各环节紧密配合、协调，通过高度艺术化的设计创意，表现期刊的内容主题和使用价值。二是艺术性。要根据期刊的内容、性质和门类，体现独特的艺术风格，体现一定的时代特点和民族特色，能充分反映一种时代精神和时代风貌，充分反映一个民族、一个国家的深厚文化底蕴，富有自身的文化品格。三是实用性。要充分考虑不同类别期刊的读者对象在使用上的便利、个体的审美观念以及阅读兴趣等因素。四是经济性。在保证阅读和鉴赏实际效果的前提下，要充分考虑期刊设计的成本因素。

3.期刊设计的具体内容是什么？

期刊设计包括外部装帧设计和内部版式设计两个方面。

外部装帧设计包含期刊的形态设计、美术设计和表面整饰设计三个方面。形态设计是对期刊开本、必备结构部件与可选结构部件，以及装订样式的选择和确定；美术设计是对封面、扉页等必备结构部件及可选结构部件的设计创意；表面整饰设计是对封面等结构部件的纸张、装饰工艺材料的选用以及表面整饰工艺方案的设计。

版式设计包括版心大小、位置和行距的确定，正文和辅文字体字号的选择及其排式设计，标题、书眉、注释、引文和页码等的设计，图片和表格的设计编排，等等。

4.期刊设计的结构部件有哪些？

期刊设计的结构部件包括必备结构部件和可选结构部件。必备结构部件包括开本、封页、目录页和正文书页。可选结构部件相对较少，通常只有插页和腰封。

5.如何设计确定期刊的开本？

开本指书刊成品正面的几何尺寸，即用全张印刷纸开切的若干等分，表示书刊的幅面和大小。从不同角度进行分类，开本种类不同。按纸张开切法的不同，可分为正规开本和特殊开本；

按开数大小，可分为大型开本、中型开本和小型开本；按边长比例，可分为竖开本和横开本。期刊的开本设计规律和图书不同，图书可以一书一开本，而期刊则需要保持开本的稳定性，且在申请创办期刊时就已确定期刊的开本大小，如需变更开本需要向管理部门履行相关备案手续。

期刊开本的确定，受到下列因素的制约和影响：

(1)根据期刊的用途选择开本。文化生活类、科普类、时政类等主要面向广大社会读者的期刊，开本设计灵活；学术类期刊，开本比较稳重，多采用大16开本。

(2)根据期刊中的图表和公式选择开本。如果期刊中图表较多且较大，公式较多且较长，为便于排版，一般采用大中型开本。

(3)根据篇幅容量选择开本。篇幅容量较大的期刊，多采用大中型开本；篇幅容量较小的期刊，多采用中小型开本。

(4)根据读者对象选择开本。成人类期刊一般采用大中型开本，低幼期刊、农村通俗性期刊等，一般采用中小型开本。

6.期刊封页设计包括哪些项目？

期刊的封页包括封面（封一）、封里（封二、封三）、封底（封四）和刊脊。

期刊的封面也称封一，封面设计应庄重、简明、美观，突出学科内容特点和出版特色，形式力求相对稳定，但可以考虑美观或广告布局的需要而变换色彩和图案等。

封二可作为封面标识项目的延续。封二、封三和封底均可视情况刊印版权标识、目录，或刊印广告，但版权标识和目录的位置应相对固定。对封二、封三无特别规定。

封底（封四）主要用于刊印版权标识等。期刊每期在封四下方或其他固定位置登载版权标志。

刊脊根据期刊的厚度设计，如果期刊页码较少，装订形式采用骑马订时，也可以不要刊脊。

7.期刊封面和封底应该有哪些项目和标识？

期刊的封面应标明以下项目：(1)刊名，包括封面上应标示的中文刊名（包括刊名汉语拼音或自治民族文字刊名）、英文刊名，也包括可能有的副刊名和并列刊名；(2)出版年、卷号、期号，或出版年、期号，出版增刊时封面须注明“增刊”字样，不得以总期号代替年、月、期号；(3)主办者（刊名已表明主办单位者除外）；(4)出版者（必要时）；(5)中国标准连续出版物号，含国际标准连续出版物号ISSN和国内统一连续出版物号CN；(6)中国标准连续出版物号（ISSN部分）条码，优先位置为封一的左下角，也可为封四的右下角。封面上标识项目中的数字应按规定采用阿拉伯数字。

期刊每期在封底下方或其他固定位置登载版权标志，内容应包括：(1)刊名；(2)刊期；(3)创刊年份；(4)卷号（或年份）和期号；(5)出版日期；(6)主管者；(7)主办者；(8)承办者或协办者（必要时）；(9)总编辑（主编）姓名；(10)编辑者及其地址；(11)出版者及其地址；(12)印刷者；(13)发行者；(14)中国标准连续出版物号；(15)增刊批准号（必要时）；(16)广告经营许可证号和商标注册号（必要时）；(17)定价（必要时）。用少数民族文字或外文出版发行的期刊，其版权标志应采用相应的文字。

8.如何设计期刊的刊脊？

平订期刊厚度大于或等于5 mm，应设计刊脊并编排刊脊名称。刊脊名称应包括刊名、卷号、期号和出版年月。骑马订期刊或厚度小于5 mm的平订期刊，应在封底上方距刊脊边缘不大于15 mm处排边缘名称，内容为刊名、卷号、期号和出版年月。

中文刊脊名称和边缘名称纵排，其中的数字排汉字。英文刊脊名称及边缘名称按国际惯例横排，阅读顺序为由上至下，其中的数字排阿拉伯数字。刊脊名称字体、大小、颜色、距离在同一卷的各期应保持一致。

9.如何设计期刊的扉页？

期刊的扉页是期刊封面功能的延续，主要登载刊名、编委会名单等事项，也可选择性标明年、卷、期以及期刊荣誉称号、入选数据库等辅助性内容。

10.如何设计期刊的目录页？

期刊的目录页也叫目次页，上端应标明刊名（包括副刊名），卷号、期号（或仅期号）和出版年月，如果是周刊、旬刊还应标明出版日。目录页应使用较大的字号标明“目录”或“目次”，作为目录表的标题。

目录页应列出本期的下列内容：全部作品（包括封面和插页上的重要图片、表格等）的完整题名（如有副题名应一并列出），作者姓名，各篇文章的起始页码（或起止页码），栏目名称。广告应单列广告目录，并在其上方标明“广告”。

目录页可以同时使用不止一种文字。

期刊目录页的位置，一般应置于封里之后的第一页，如需转页可转到第二页。目录也可以置于封面、封底、封里等位置。目录页所在位置，在一种期刊中应各期相同。如需变更，应从新的一卷或新的一年的第一期开始。

目录页的页码可以编入期刊正文的页码序列，也可以不编入。

期刊的版本记录如果不在封底，也可以刊载于目录页。

11.如何进行期刊版面设计？

期刊版面的构成要素有版心、行距、文字的字体字号、标题、图表、页码、装饰符号等。期刊版面设计就是根据期刊的性质、内容、读者对象和可利用的工艺技术手段，对每个版面构成要素的位置、大小和式样做出平面安排的一种视觉传达设计方法。

版心是期刊成品页面中的图文印刷区域，也就是版面上容纳作品主体图文的部位。版心的尺寸取决于版面的幅面大小和周空所占空间的大小，应根据期刊内容和读者对象设计版心。有的期刊类型需要多容纳图文内容，有的则需要留出空白以便读者批注、做笔记，以图为主的期刊版心应设计得较大以充分展示图片的魅力。

行距是两行文字之间的间距，通过行距的设计来调整版面的疏密。行距较小时，可以容纳更多文字。行距较大，则便于阅读，不易引起视疲劳。

字体分为基本字体、基本字体的变体、艺术字体三类，应根据期刊内容进行设计选用。书刊的各种常用排版软件都有几十种不同的汉字字体、字母字体和数字字体。其中，正文主体文字主要选用的字体有宋体、楷体和仿宋体三种，它们识别性强，符合大众的审美要求和审美认同。在众多印刷字体中，宋体字最适于阅读，大多数期刊正文主体文字选用宋体字。楷体字接近手写体，易写易认，字形活泼，常用于儿童读物等。

字号指字的大小，可用号数和磅数表示。常用字号由小至大为号数从小七号到初号、磅数从 5.25 磅到 36 磅不等，还可以用磅数进行自由调整。多数期刊采用五号；开本较大的通俗类、休闲类、老年类期刊可采用小四号；儿童读物多采用小四号或更大字号。

12.如何设计确定期刊正文主体的版面类型？

期刊正文主体文字主要采用横排。版面设计则较为多样化，主要有如下几种：

(1)双栏版面。这是大开本期刊普遍采用的版面形式,将版心纵向分割成宽度大小完全相等的两部分,行长缩短,正文字号可相应变小,可使版心获得尽可能多的图文容纳量,从视觉上不影响读者的阅读。

(2)通栏版面。每行文字均从版心的一侧一直排到版心的另一侧。随着电子化阅读的普及,在笔记本电脑上阅读电子期刊时,通栏版面比双栏版面更加方便,不用频繁上下拉动进度条,因此越来越多的学术期刊采用通栏版面。

(3)多栏版面。将版心纵向分割成宽度大小完全相等的三块或更多块而形成的版面。选用这种版面,是为了解决期刊开本相对较大、字号又相对较小的问题。

(4)复合分栏版面。同一个版心中一部分为通栏,一部分为多栏,主要适用于同一页面上需要安排两篇或多篇文章的场合,可使各篇文章的区域范围相对明确。不同栏别之间可加线条分隔。

13.如何设计期刊的转接版?

转接版用于转页,是在版面紧张或空白较大时的版面设计方式,指将某篇文章的末尾的部分文字转到另外一个页面。留在原来页面上的文章主体部分最后一句句末注明"(下转××页)",所转页面开头注明"(上接××页)"。

由前往后转接称为顺转,由后往前转接称为逆转。一般情况下只能顺转,不能逆转。一本期刊转接页不宜过多,不然会影响版面的美观,也影响读者的阅读体验。因此,在一般情况下,应尽可能避免转接版。

在学术期刊的参考文献表中著录转接页时,有两种方式,可将页码著录为"××-××,××",也可著录为"××-××+××"。

14.怎样设计期刊的注释?

注释是对期刊正文中局部内容的解释性文字，主要应用于学术期刊。根据其所处的位置，注释可分为处于主体文字之中的夹注，处于页面地脚处的脚注，处于文章末尾的文后注。同一种期刊，注释格式应前后一致。参考文献是对一个信息资源或其中一部分进行准确和详细著录的数据，是位于文末或文中的信息源。注释和参考文献有着不同的功能，注释的功能是说明和解释，可置于页脚，也可放在文末；参考文献的功能是著录引用文献来源，可放于文中，也可放于文末，在文末著录参考文献表。

期刊注文有两种格式，即脚注和尾注。(1)脚注也称“页下注”，位于版心的最下方。脚注有注线，位于末行主体文字与脚注之间；脚注要与所注正文内容处于同一个页面，注码的序号以一个页面为单元连续编制。脚注因检阅比较方便，是使用得较多的一种注释形式。(2)尾注也称“篇后注”或“文末注”，把注文全部排在一篇文章的最后，采用这种形式，不会在版面不够时出现注不随文的现象。篇后注的注码序号以篇为单元编制，注释部分与正文之间可以使用注线，也可以在其上方排“注释”“附注”“注”等标题。

注释必须在被注释文字处和注释的首部设置注码，标明正文主体文字中被注释文字与各注释条目之间的对应关系，以方便读者对照查阅。注码多数采用数字外加圆圈的阳码(如①②等)，用上标形式排在需要解释的主体文字之后。

注线的作用是把注文与正文隔开，其形式和长度通常由排版系统自动设定。

15.怎样设计学术期刊的参考文献著录?

参考文献是对一个信息资源或其中一部分进行准确和详细

著录的数据，是位于文末或文中的信息源，主要用于学术期刊。参考文献的设计有“顺序编码制”和“著者—出版年制”两种标注体系。参考文献的设计，是在正文中标注编码或标志，页脚或文末列出参考文献表。

顺序编码制是按正文中引用的文献出现的先后顺序连续编码，将序号置于方括号“[]”中。如果顺序编码制采用脚注方式时，序号可由计算机自动生成圈码。多次引用同一著者的同一文献时，在正文中标注首次引用的文献序号，并在序号的“[]”外著录引文页码。顺序编码制的参考文献表可以置于文末，也可以分散著录在页脚。参考文献表采用顺序编码制时，各篇文献按正文部分标注的序号先后依次列出。

著者—出版年制是正义引用的文献采用著者—出版年制时，各篇文献的标注内容由著者姓氏与出版年构成，以“（著者，出版年）”的格式标出。著者—出版年制的参考文献表只能列于文末，各篇文献首先按文种集中，可分为中文、日文、西文、俄文、其他文种五个部分；同一文种按著者字顺排列，中文著者可按汉语拼音字顺排列，也可按著者笔画顺序排列；同一著者按出版年先后排列；同一著者同一出版年分别在年后加英文小写字母 a，b，c 等进行区别。

16.学术论文的编排格式有哪些要求？

按照国家标准《科学技术报告、学位论文和学术论文的编写格式》的规定，学术论文分为前置部分、主体部分、附录部分、结尾部分。其中，前置部分、主体部分为必要项；附录部分、结尾部分为非必要项，仅在必要时出现。

（1）前置部分。

第一，题名，即论文标题。题名是以最恰当、最简明的词语反映报告、论文中最重要的特定内容的逻辑组合。题名所用每一词语必须考虑到有助于选定关键词，以及为编制题录、索引等二次文献提供可以检索的特定实用信息。题名应该避免使用不常见的缩略词、首字母缩写字、字符、代号和公式等。题名一般不宜超过 20 字。题名应确切地概括论文的论点或中心内容，做到文题相符，含义明确。

第二，副题。下列情况可以有副题名：题名语意未尽，用副题名补充说明报告、论文中的特定内容；报告、论文分册出版，或是一系列工作分几篇报道，或是分阶段的研究结果，各用不同副题名区别其特定内容；其他有必要用副题名作为引申或说明者。

第三，作者、单位、基金项目。作者可以是个人作者、合作作者或团体作者，合作作者或团体作者一般按照对文章贡献的大小进行排列。作者拥有著作权并对论文负有政治上、科学上、伦理上和法律上的责任。作者单位及其通讯地址是作者的重要信息，一般要求写至二级，如××大学××学院。基金项目名称要准确并注明编号，或者以全称方式著录，分别注明项目类别、名称、编号、负责人。

第四，摘要。摘要是报告、论文的内容不加注释和评论的简短陈述。摘要应具有独立性和自含性，即不阅读报告、论文的全文，就能获得必要的信息。摘要中有数据，有结论，是一篇完整的短文，可以独立使用，可以引用，可以用于工艺推广。摘要的内容应包含与报告、论文同等量的主要信息，供读者确定有无必要阅读全文，也供文摘等二次文献采用。摘要一般应说明研究工作目的、实验方法、结果和最终结论等，而重点是结果和结论。中文摘要一般为 200～300 字；外文摘要不宜超过 250 个实词。如遇特殊需要，字数可以略多。除了实在无变通办法可用以外，摘要中不用图、表、化学结构式，以及非公知公用的符号和术语。

第五，关键词。关键词是为了文献标引工作，从论文、报告中选取出来用以表示全文主题内容信息款目的单词或术语。每篇报告、论文选取 3～8 个词作为关键词。

(2)主体部分。

第一,引言。引言(或绪论)简要说明研究工作的目的,范围,相关领域的前人工作和知识空白,理论基础和分析,研究设想,研究方法和实验设计,预期结果和意义,等等。引言应言简意赅,不要与摘要雷同,不要成为摘要的注释。一般教科书中有的知识,在引言中不必赘述。一般来说,论文的引言部分应包括如下必要项:一是选题依据,二是研究综述,三是研究设计,四是研究假说,五是研究价值。引言的功能是便于读者了解论文概貌,主要是起导读作用,因而不必展开讨论。

第二,正文。正文一般包括材料与方法、结果与讨论两大部分。材料与方法部分主要回答两个基本问题,即用什么做研究和怎样做研究。结果是论文的核心,主要回答发生了什么,讨论回答所获得的结果是否为前言中提出的关键问题的答案,结果怎样支持答案。

第三,结论。报告、论文的结论是最终的、总体的结论,不是正文中各段的小结的简单重复。结论应该准确、完整、明确、精练。如果不可能导出应有的结论,也可以没有结论而进行必要的讨论。可以在结论或讨论中提出建议、研究设想、仪器设备改进意见、尚待解决的问题等。结论即文章的总结,也可以"结语"等方式进行小标题命名。结论要回答研究出了什么,需要简洁地指出:由研究结果所揭示的原理及其普遍性;研究中有无例外或本论文尚难解决的问题;与已发表论文的异同;在理论与实践上的意义;对进一步研究的建议。

第四,参考文献。参考文献主要著录引用文献,即与本研究相关的文献,在文中或文末进行著录。当著录于文末时,列出的参考文献,全称为"参考文献表",简称"参考文献"。参考文献的著录要求准确、完整、规范，并必须在文章引用处注明。参考文献的著录格式，一般应按国家标准《信息与文献　参考文献著录规则》执行。

17.如何进行期刊插图的设计？

插图是期刊的重要组成部分，期刊插图和其他媒介相比，有自己的特点。非学术期刊的插图无特殊要求，以与文字主题相关为基本原则。

对学术期刊插图的规定，具体要求如下：图包括曲线图、构造图、示意图、图解、框图、流程图、记录图、地图、照片等。图应具有自明性和可读性。图应能够被完整而清晰地复制或扫描，考虑到图的复制效果和成本等因素，图中宜尽量避免使用颜色。照片的主题和主要显示部分的轮廓鲜明，便于制版，如采用放大或缩小的复制品，应图像清晰，反差适中，照片上应有表示目的物尺寸的标度。图应有编号。图宜有图题，置于图的编号之后，图的编号和图题应置于图的下方，宜将图上的符号、标记、代码，以及实验条件等，用最简练的文字，作为图注附于图下，图注应置于图题之上。图宜紧置于首次引用该图的文字之后，如果电子版科技报告中的正文和所引用的图不在同一屏，引用时宜插入内部链接。图应尽可能显示在同一页（屏），如图太宽，可逆时针方向旋转 90 度放置，图页面积太大时，可分别配置在两页上，次页上应注明“续图×”并注明图题。图、表、公式等一律用阿拉伯数字分别依序连续编号，可以按出现先后顺序，从引言开始一直到附录之前，连续统一编号，如图 1、表 2、式(3)等。大中型报告，图、表、公式可以分章或篇依序分别连续编号，即前一数字为章、篇的编号，后一数字为本章、篇内的顺序号，两数字间用半字线连接，如图 2-1、表 3-1、式(3-1)等，全文编号方式应一致。

18.如何进行期刊表格的设计？

表格在期刊中主要用于学术期刊，具体规范要求如下：

表应具有自明性和可读性。表应有编号。表宜有表题，置于表的编号之后，表的编号和表题应置于表的上方，宜将表中的符号、标记、代码，以及需要说明事项，用最简练的文字，作为表注附于表下。表宜紧置于首次引用该表的文字之后，如果电子版报告中的引用表的文字和所引用的表不在同一屏，引用时宜插入内部链接。表的编排，一般是内容和测试项目由左至右横读，数据依序竖读，建议采用国际通行的三线表格式。如表转页接排，在随后的各页上应注明“续表×”并注明表题。续表均应重复表头。图、表、公式等一律用阿拉伯数字分别依序连续编号，可以按出现先后顺序，从引言开始一直到附录之前，连续统一编号，如图1、表2、式(3)等。大中型报告，图、表、公式可以分章或篇依序分别连续编号，即前一数字为章、篇的编号，后一数字为本章、篇内的顺序号，两数字间用半字线连接，如图2-1、表3-1、式(3-1)等，全文编号方式应一致。

19.期刊编排规范有哪些?

已公布的期刊编排规范主要有三种：(1)CAJ－CD B/T1—2006《中国学术期刊(光盘版)检索与评价数据规范》；(2)《中国高等学校社会科学学报编排规范(2000年修订版)》；(3)《中国高等学校自然科学学报编排规范(2004年修订版)》。

20.什么是期刊的审定发稿?

审定发稿是将编辑加工整理后达到“齐、清、定”要求的稿件提交审定的过程。发稿是稿件处理的最后一道程序，此后，期刊即进入物质生产过程。

编辑发稿要办理发稿手续，具体来说要做好五项工作：一是提供编辑三审意见表，说明三审对书稿的评价和处理意见；二是填写发稿单，发稿单是编辑部门交给制作、发行部门的有关稿件情况及对整体设计、排印、发行等工作的意见和要求的通知单；三是填写稿件设计单。以上材料完成后交编辑室主任审核，并经主编签发后随稿件发出。

21.期刊发稿的“齐、清、定”是什么？

稿件的“齐、清、定”是期刊编辑出版流程中对编辑发稿的技术要求。它与三审三校制度一样，是期刊编辑出版的重要规定，稿件只有达到了“齐、清、定”才可以发稿。

“齐”指稿件齐全，即稿件的各个组成部分不可缺少。主要包括：正文齐全，要求篇、章、节以及段落词句完整，有图表配合的，也不得遗缺图表；编辑记录齐全，要有完整的编辑加工流程记录，以备查考。

“清”指稿件清晰。要求加工整理后的稿件文字、图表、符号等清楚可辨，文字与图表的配合关系清楚，稿件版面整齐，清晰不乱，特别的要求及规定清楚明确。

“定”指稿件必须是定稿，即原稿的各个组成部分从内容到语言表达形式都已确定，完成了所有的编辑加工、校对及设计流程。框架结构、章节安排、段落布置等已不用更改，文本体例、字体字号、表述方式、图表比例等已最终确立，没有遗留问题，发稿后一般不能做大的改动，等全部流程走完确定无误后，即可交付印刷厂制版印刷。

三、期刊出版管理

(一)期刊的创办与变更

1.创办期刊、设立期刊出版单位需要具备哪些条件？

创办期刊、设立期刊出版单位，应当具备下列条件：

(1)有确定的、不与已有期刊重复的名称。

(2)有期刊出版单位的名称、章程。

(3)有符合国家新闻出版行政部门认定条件的主管、主办单位。

(4)有确定的期刊出版业务范围。

(5)有30万元以上的注册资本。

(6)有适应期刊出版活动需要的组织机构和符合国家规定资格条件的编辑专业人员。

(7)有与主办单位在同一行政区域的固定的工作场所。

(8)有确定的法定代表人或者主要负责人,该法定代表人或者主要负责人必须是在境内长久居住的中国公民。

(9)法律、行政法规规定的其他条件。

除前款所列条件外,还须符合国家对期刊及期刊出版单位总量、结构、布局的总体规划。

2.设立期刊出版单位由什么机构审批?

中央在京单位(即中央和国务院各部委、直属机构,各民主党派和全国性群众团体及其直属单位)创办期刊并设立期刊出版单位,经主管单位审核同意后,由主办单位报国家新闻出版行政部门审批。

军队系统创办期刊并设立期刊出版单位,由中国人民解放军总政治部宣传部新闻出版局审核同意后报国家新闻出版行政部门审批。

其他单位创办期刊并设立期刊出版单位,经主管单位审核同意后,由主办单位向所在地省、自治区、直辖市新闻出版行政部门提出申请,省、自治区、直辖市新闻出版行政部门审核同意后,报国家新闻出版行政部门审批。

3.设立期刊出版单位对主办单位有何要求?

期刊出版单位的主办单位提出申请,两个以上主办单位合办期刊,须确定一个主要主办单位,并由主要主办单位提出申请。

期刊的主要主办单位应为其主管单位的隶属单位。期刊出版单位和主要主办单位须在同一行政区域。

4.中央在京单位、军队单位和地方单位申请创办期刊需要提交哪些材料?

中央在京单位、军队单位和地方单位申请创办期刊与申报创办报纸所需材料大体相同(参见本书第一部分“报纸出版”之“报纸出版管理”中“报纸的创办和变更”第5、6、7条)。

5.中央在京单位、军队单位和地方单位如何设立期刊出版单位?

中央在京单位、军队单位和地方单位设立期刊出版单位与设立报纸出版单位所需要材料相同(参见本书第一部分“报纸出版”之“报纸出版管理”中“报纸的创办和变更”第8、9、10条)。

6.申请创办期刊、设立期刊出版单位有哪些时效规定?

国家新闻出版行政部门自收到创办期刊、设立期刊出版单位的申请之日起90日内,做出批准或者不批准的决定,并直接或者由省、自治区、直辖市新闻出版行政部门书面通知主办单位;不批准的,应当说明理由。

期刊主办单位自收到国家新闻出版行政部门批准决定之日起60日内办理注册登记手续。期刊主办单位自收到国家新闻出版行政部门批准文件之日起60日内未办理注册登记手续,批准文件自行失效,登记机关不再受理登记,期刊主办单位须把有关批准文件缴回国家新闻出版行政部门。期刊出版单位自登记之日起满 90 日未出版期刊的，由国家新闻出版行政部门撤销《期刊出版许可证》，并由原登记的新闻出版行政部门注销登记。因不可抗力或者其他正当理由发生前款所列情形的，期刊出版单位可以向原登记的新闻出版行政部门申请延期。

7.期刊主办单位办理注册登记手续的程序有哪些？

（1）持批准文件到所在地省、自治区、直辖市新闻出版行政部门领取《期刊出版登记表》，填写一式五份，经期刊主管单位审核签章后，报所在地省、自治区、直辖市新闻出版行政部门，省、自治区、直辖市新闻出版行政部门应在 15 日内，将《期刊出版登记表》报送国家新闻出版行政部门备案。

（2）公开发行的期刊，可以向 ISSN 中国国家中心申领国际标准连续出版物号，并向国家新闻出版行政部门条码中心申领条形码。

（3）省、自治区、直辖市新闻出版行政部门对《期刊出版登记表》审核无误后，在 10 日内向主办单位发放《期刊出版许可证》。

（4）期刊出版单位持《期刊出版许可证》到工商行政管理部门办理登记手续，依法领取营业执照。

《期刊出版登记表》由期刊出版单位、主办单位、主管单位及所在地省、自治区、直辖市新闻出版行政部门各留存一份。

8.期刊变更登记项目如何准备办理相关手续？

期刊变更登记项目主要分两类情况：一类为变更名称、变更出版单位、变更主办单位、变更主管单位、变更业务范围、变更资本结构等。这类变更需要报国家新闻出版行政部门审批。其报送材料与报纸变更报送材料相同（参见本书第一部分“报纸出版”之“报纸出版管理”中“报纸的创办和变更”第 13、14、15、16、17、18 条）。另一类为变更刊期、开本、登记地、法人代表、地址等，这类变更须向省级新闻出版行政部门申请，其材料及手续与报纸相同(参见本书第一部分“报纸出版”之“报纸出版管理”中“报纸的创办和变更”第19条)。

9.期刊休刊和终止出版活动如何办理手续?

期刊休刊,期刊出版单位须向所在地省级新闻出版行政部门备案并说明休刊理由和期限。期刊休刊时间不得超过一年。休刊超过一年的,由国家新闻出版行政部门撤销《期刊出版许可证》,所在地省级新闻出版行政部门注销登记。

期刊出版单位终止期刊出版活动的,经主管单位同意后,由其主办单位向所在地省级新闻出版行政部门办理注销登记,并由省级新闻出版行政部门报国家新闻出版行政部门备案。期刊申请休刊和终止出版活动须提供的材料包括:出版单位关于休刊或终止期刊出版活动的申请,以正式文件形式报送;主管主办单位同意休刊或终止期刊出版活动的正式文件。

期刊注销登记,以同一名称设立的期刊出版单位须与期刊同时注销,并到原登记的工商行政管理部门办理注销登记。注销登记的期刊和期刊出版单位不得再以该名称从事出版、经营活动。

(二)期刊的出版

1.期刊在刊载内容上有什么要求?

期刊出版实行编辑责任制度,保障期刊刊载内容符合国家法律、法规的规定。期刊不得刊载《出版管理条例》和其他有关法律、法规以及国家规定禁止的内容。

期刊刊载的内容不真实、不公正,致使公民、法人或者其他组织的合法权益受到侵害的,期刊出版单位应当公开更正,消除影响,并依法承担其他民事责任。期刊刊载的内容不真实、不公正,致使公民、法人或者其他组织的合法权益受到侵害的,当事人有权要求期刊出版单位更正或者答辩，期刊出版单位应当在其最近出版的一期期刊上予以发表；拒绝发表的，当事人可以向人民法院提出诉讼。期刊刊载的内容不真实、不公正，损害公共利益的，国家新闻出版行政部门或者省级新闻出版行政部门可以责令该期刊出版单位更正。

期刊刊载涉及国家安全、社会安定等重大选题的内容，须按照重大选题备案管理规定办理备案手续。

公开发行的期刊不得转载、摘编内部发行出版物的内容。期刊转载、摘编互联网上的内容，必须按照有关规定对其内容进行核实，并在刊发的明显位置标明下载文件网址、下载日期等。

期刊使用语言文字须符合国家有关规定。

期刊须严格按确定的宗旨和定位来组织刊载内容，非学术期刊不得出版理论版、学术版等，不得收取论文发表费。

2.如何规范刊印期刊名称?

期刊使用的名称，包括期刊中文刊名和外文刊名。中文期刊使用中文刊名，外文期刊使用相应语种刊名，少数民族文种期刊使用相应语言刊名。刊名包括分册(分辑)刊名、不同内容版本刊名。期刊的外文刊名须是中文刊名的直译，期刊外文刊名的翻译应准确并与中文刊名保持一致，不能使用不相关的外文名称。外文期刊封面上必须同时刊印中文刊名，少数民族文种期刊封面上必须同时刊印汉语刊名。期刊名称应印在期刊封面、版权页等处。期刊名称应明显于期刊封面的其他标识性文字。期刊名称在封面、版权页、封底、书脊等处应保持一致。

期刊名称由国家新闻出版行政部门批准并同时为该刊名分配 CN。一个刊名对应一个 CN 为一种期刊。期刊名称变更须经批准并获得新的 CN；未经批准不得在刊名中增加、删减和更改字词。

一种期刊不得以任何形式出版两种或两种以上期刊，不得使用同一个CN出版不同刊名的期刊,如:一种期刊不能以增加类似版别方式,分别出版两种或两种以上期刊;一种期刊不能以"社会科学版""自然科学版""教师版""学生版"等字样,交替出版两种或两种以上期刊;一种教育辅导类期刊不能分别使用"××年级""小学版""语文版""英语"等字样出版两种或两种以上期刊。

3.期刊如何正确使用刊号?

期刊刊号是由国家新闻出版行政部门负责分配给一种期刊的唯一代码。CN应按规定格式和字体印在期刊封面、版权页或封底上。一个CN对应一种期刊唯一刊名,期刊更名、变更登记地(跨行政区域)应获得新的CN。一个CN只能出版一种期刊的一个版本。不同文种、不同载体的期刊应分别有各自的CN。CN编号后面不允许附加任何其他标识信息。CN分类号应以国家新闻出版行政部门批准文件为准,不能任意跨学科更改和在刊印时省略。期刊出版单位不得出售、出租和转让CN给其他期刊使用。

4.期刊如何正确使用国际标准连续出版物号?

国家标准连续出版物号是由ISSN中国国家中心分配给每一种获得CN并公开发行的期刊的唯一识别代码。期刊出版单位持国家新闻出版行政部门批准创办期刊文件复印件、《期刊出版许可证》复印件和《期刊出版登记表》复印件向ISSN中国国家中心申请ISSN。ISSN执行《中国标准连续出版物号》和《期刊出版管理规定》相关规定。获得ISSN的期刊应持有ISSN中国国家中心颁发的ISSN证书并在该中心数据库注册。期刊更名须获得国家新闻出版行政部门批准后重新申请ISSN。

ISSN应按规定格式和字体印在期刊封面右上角、版权页或封底上。一个ISSN应与该刊的CN及刊名保持一致。一个

ISSN 只能出版一种期刊的一个版本。不同文种、不同载体的期刊应分别有各自的 ISSN。

5.如何正确使用期刊条码?

期刊条码由前缀码 977(3 位)、数据码(ISSN 前 7 位)、年份码(2 位)、校验码(1 位)以及附加码(2 位)组成,由国家新闻出版行政部门的条码中心负责制作。期刊条码执行《出版物条码管理办法》和 GB/T 16827—1997《中国标准刊号(ISSN 部分)条码》等相关规定。

期刊条码应印在规定的位置,印刷质量和色彩应清晰并便于识别。期刊条码应与该刊的 ISSN 及刊名保持一致。一种期刊的条码只能用于一种期刊的一个版本,不同文种、不同载体的期刊应分别有各自的期刊条码。期刊条码的附加码应与期刊出版的刊期和(或)出版的年份、月份或期号保持一致。期刊条码印刷优先位置为封面的左下角,也可根据需要将条码印刷在期刊封底的右下角。条码符号条的方向应与装订线平行或垂直。期刊条码可以通过相关设备识读。

6.期刊如何刊登广告?

期刊刊登广告应在工商管理部门注册登记。期刊广告经营执行《期刊出版管理规定》和相关法律法规。期刊刊登广告应持有工商管理部门颁发的《广告经营许可证》。广告经营许可证号应印在期刊版权页上。刊登广告的期刊须将广告经营许可证号印在每一期期刊版权页或封底上。

7.如何规范标注期刊的主要责任单位?

期刊主要责任单位包括期刊的主管单位、主办单位和出版单位。期刊主要责任单位执行《期刊出版管理规定》等相关规定。两个以上主办单位合办期刊,须确定一个主要主办单位。

期刊的主要主办单位应为其主管单位的隶属单位。期刊出版单位须与主要主办单位在同一行政区域。

期刊主管单位、主办单位、出版单位应印在期刊版权页或期刊封面等处。期刊主管单位、主办单位、出版单位未经批准不得变更。未经注册成立具有法人资格的期刊社(杂志社)的期刊,出版单位应标识为:"××编辑部"。

8.如何规范标注期刊的印刷发行单位?

期刊印刷发行单位须是具有《印刷经营许可证》、可以印制期刊的机构。期刊的发行单位是承担期刊发行的部门。印刷单位、发行单位应印在期刊版权页或封底上。期刊印刷单位和发行单位的刊印不应省略。

9.如何规范标注期刊的总编辑(主编)?

总编辑(主编)是主持期刊编辑和终审等工作的负责人。总编辑(主编)执行《期刊出版管理规定》和相关法规。总编辑(主编)姓名应印在期刊版权页等处。期刊上不得出现多个总编辑(主编)。

10.如何规范标注期刊的出版标识?

期刊出版标识包括期刊编号、刊期、期刊版式设计等。期刊编号指期刊在编辑出版过程中所采用的卷、期、年、月标识。期刊刊期指一种期刊每年出版的频次。期刊出版标识执行《期刊出版管理规定》相关规定。

期刊须在封面的明显位置刊载期刊名称和年、月、期、卷等顺序编号,不得以总期号代替年、月、期号。每期期刊封面和版权页等处的年、月、期号标识不能省略。期刊的年、月、期号标识可采用卷号和(或)总期号方式标识,凡采用卷和总期号标识的期刊,其卷号和(或)总期号应连续编排,不应随意更改,不得使用总期号和卷号代替年、月、期号。同一期刊每年出版的各期不得分别独立设置编号体系交叉出版。一种期刊的每一期应为一册。任何期刊不得以不同刊期或增加刊期频率方式变相出版两种以上期刊。期刊不得随意脱期出版，不应任意增减出版刊期。同一期刊在每年度中的版式设计风格应基本保持一致。同一期刊在每年度中各期的幅面尺寸应保持一致。

11.如何规范期刊的版权页？

期刊版权页是期刊出版情况的记录，列载供国家版本管理部门、出版发行单位、信息资源管理等部门使用的版本资料。期刊版权页执行《期刊出版管理规定》相关规定。期刊版权页记录：期刊名称、主管单位、主办单位、出版单位、印刷单位、发行单位、出版日期、总编辑（主编）姓名、定价、国内统一连续出版物号、广告经营许可证号。

期刊须设立版权页，版权页位于期刊正文之前，也可设在期刊封底上。期刊版权页记录的各个项目应完整，且应与封面或封底上记录的相同项目保持一致。

12.如何规范期刊的标识性文字？

期刊的标识性文字是指期刊版权页规定的记录项目之外，在期刊封面或显著位置上对期刊进行宣传的文字。期刊标识性文字执行《期刊出版管理规定》相关规定。

期刊封面其他文字标识不得明显于刊名。期刊标识性文字不得使用毫无实据的、过于夸张的宣传语言，如："世界排名第×名""全球发行量最大""中国唯一的""××领域最早期刊""获奖最多"等。期刊名称的补充文字说明、期刊内容宣传等标识性文字不得明显于期刊名称，不得通过颜色、位置等手段突出显示。

13.期刊出版增刊如何办理手续？

期刊出版单位出版增刊，应当经其主管单位审核同意后，由主办单位报所在地省、自治区、直辖市新闻出版行政部门备案。备案文件应当说明拟出增刊的出版理由、出版时间、文章编目、期数、页码、印数、印刷单位等；所在地省、自治区、直辖市新闻出版行政部门备案后，发给备案证明文件，配发增刊备案号。

增刊内容必须符合正刊的业务范围，开本和发行范围必须与正刊一致；增刊除按规定刊印正刊版权页所列的期刊名称、主管单位、主办单位、出版单位、印刷单位、发行单位、出版日期、总编辑（主编）姓名、发行范围、定价、国内统一连续出版物号、广告经营许可证号、国际标准连续出版物号等版本纪录外，还须刊印增刊备案号，并在封面刊印正刊名称和注明“增刊”。

14.期刊出版合订本有什么要求？

期刊合订本须按原期刊出版顺序装订，不得对期刊内容另行编排，并在其封面明显位置标明期刊名称及“合订本”字样。期刊因内容违法被新闻出版行政部门给予行政处罚的，该期期刊的相关篇目不得收入合订本。被注销登记的期刊，不得制作合订本。

15.期刊的广告业务和经营活动有什么要求？

期刊出版单位不得出卖、出租、转让本单位名称及所出版期刊的刊号、名称、版面，不得转借、转让、出租和出卖《期刊出版许可证》。期刊出版单位利用其期刊开展广告业务，必须遵守广告法律规定，发布广告须依法查验有关证明文件，核实广告内容，不得刊登有害的、虚假的等违法广告。期刊的广告经营者限于在合法授权范围内开展广告经营、代理业务，不得参与期刊的采访、编辑等出版活动。期刊出版单位不得以不正当竞争行为或者方式开展经营活动，不得利用权力摊派发行期刊。

16.新闻类期刊对新闻采编有哪些要求？

新闻类期刊从业人员可以从事新闻采访活动，可以按规定申领新闻记者证。新闻类期刊采编人员须严格遵守新闻采编相关规定。采编业务与经营业务必须严格分开，禁止以采编报道相威胁，以要求报道对象做广告、提供赞助、加入理事会等损害报道对象利益的行为牟取不正当利益。新闻类期刊不得刊登任何形式的有偿新闻。

具有新闻采编业务的期刊出版单位在登记地以外的地区设立记者站，须严格按照《新闻单位驻地方机构管理办法（试行）》审批、管理。其他期刊出版单位一律不得设立记者站。期刊出版单位是否具有新闻采编业务由国家新闻出版行政部门认定。

17.期刊的哪些选题须申报重大选题备案？

期刊刊登重大选题实行“重大选题备案制度”，应依照规定办理备案手续。

重大选题指涉及国家安全、社会安定等方面的内容，对国家的政治、经济、文化、军事等会产生较大影响的选题，具体包括：

（1）有关党和国家的重要文件、文献选题。

（2）有关党和国家曾任和现任主要领导人的著作、文章以及有关其生活和工作情况的选题。

（3）涉及党和国家秘密的选题。

（4）集中介绍政府机构设置和党政领导干部情况的选题。

（5）涉及民族问题和宗教问题的选题。

（6）涉及我国国防建设及我军各个历史时期的战役、战斗、工作、生活和重要人物的选题。

（7）涉及“文化大革命”的选题。

（8）涉及中共党史上的重大历史事件和重要历史人物的选题。

（9）涉及国民党上层人物和其他上层统战对象的选题。

（10）涉及苏联、东欧以及其他兄弟党和国家重大事件和主要领导人的选题。

(11)涉及中国国界的各类地图选题。

(12)涉及香港特别行政区和澳门、台湾地区图书的选题。

(13)大型古籍白话今译的选题(指 500 万字以及 500 万字以上的项目)。

(14)引进版动画读物的选题。

(15)以单位名称、通讯地址等为内容的各类“名录”的选题。

18.期刊如何申报重大选题备案?

期刊向新闻出版行政部门申报重大选题备案时,应当填写备案登记表并提交下列材料:

(1)备案申请报告。所在地省级新闻出版行政部门报国家新闻出版行政部门的请示文件。文件的主送单位为国家新闻出版行政部门,应有版头,标有文号,公章齐全,文种为请示或函。

(2)备案稿件(2 份)。报送的文稿须是打印稿,要求齐、清、定,如有照片,须图像清晰。报送文稿需标明稿件字数、拟出版时间、内容简介、作者简介等相关信息。

(3)出版单位的上级主管部门或所在地党委宣传部门的审核意见。出版单位的上级主管部门是指:①中央各部门的期刊出版单位,其主管部门是中共中央和国务院各部委、各民主党派和人民团体;②解放军系统的出版单位,其主管部门是解放军总政治部宣传部;③属地方的出版单位,其主管部门是所在地省级新闻出版行政部门或音像出版行政部门。

新闻出版行政部门自决定受理备案之日起 30 日内,对备案申请予以答复或者提出意见,逾期未予答复或者提出意见的,备案即自动生效。

19.期刊如何缴送样本?

期刊出版单位须在每期期刊出版 30 日内,分别向新闻出版行政部门、中国版本图书馆、国家图书馆以及所在地省、自治区、直辖市新闻出版行政部门缴送样刊3本。

(三)期刊出版监管

1.期刊监督管理有哪些制度?

期刊出版活动的监督管理实行属地原则。省、自治区、直辖市新闻出版行政部门依法负责本行政区域内期刊和期刊出版单位的登记、年度核验、质量评估、行政处罚等工作,对本行政区域内的期刊出版活动进行监督管理。其他地方新闻出版行政部门依法对本行政区域内期刊出版单位及其期刊出版活动进行监督管理。

期刊出版管理实施期刊出版事后审读制度、期刊出版质量评估制度、期刊年度核验制度和期刊出版从业人员资格管理制度。期刊出版单位应当按照国家新闻出版行政部门的规定,将从事期刊出版活动的情况向新闻出版行政部门提出书面报告。国家新闻出版行政部门制订期刊出版质量综合评估标准体系,对期刊出版质量进行全面评估。经期刊出版质量综合评估,期刊出版质量未达到规定标准或者不能维持正常出版活动的,由国家新闻出版行政部门撤销《期刊出版许可证》,所在地省、自治区、直辖市新闻出版行政部门注销登记。

2.如何开展对期刊的审读工作?

期刊出版管理实行出版事后审读制度。国家新闻出版行政部门负责全国期刊审读工作。地方各级新闻出版行政部门负责对本行政区域内出版的期刊进行审读。下级新闻出版行政部门要定期向上一级新闻出版行政部门提交审读报告。主管单位须对其主管的期刊进行审读,定期向所在地新闻出版行政部门报送审读报告。期刊出版单位应建立期刊阅评制度，定期写出阅评报告。新闻出版行政部门根据管理工作的需要，可以随时调阅、检查期刊出版单位的阅评报告。

3.期刊年度核验有哪些程序和要求？

期刊年度核验制度是实施期刊出版管理的基本管理制度。由省、自治区、直辖市新闻出版行政部门负责对本行政区域内的期刊实施年度核验。年度核验内容包括期刊出版单位及其所出版期刊的登记项目、出版质量、遵纪守法情况等。

年度核验按照以下程序进行：

(1)期刊出版单位提出年度自检报告，填写由国家新闻出版行政部门统一印制的《期刊登记项目年度核验表》，经期刊主办单位、主管单位审核盖章后，连同本年度出版的样刊报省、自治区、直辖市新闻出版行政部门。

(2)省、自治区、直辖市新闻出版行政部门对期刊出版单位自检报告、《期刊登记项目年度核验表》及样刊进行审核查验。

(3)经核验符合规定标准的，省、自治区、直辖市新闻出版行政部门在《期刊出版许可证》上加盖年度核验章；《期刊出版许可证》上加盖年度核验章即为通过年度核验，期刊出版单位可以继续从事期刊出版活动。

(4)省、自治区、直辖市新闻出版行政部门在完成期刊年度核验工作30日内向国家新闻出版行政部门提交期刊年度核验工作报告。

《期刊出版许可证》加盖年度核验章后方可继续使用。有关部门在办理期刊出版、印刷、发行等手续时，对未加盖年度核验章的《期刊出版许可证》不予采用。

不按规定参加年度核验的期刊出版单位，经催告仍未参加年度核验的，由国家新闻出版行政部门撤销《期刊出版许可证》，所在地省、自治区、直辖市新闻出版行政部门注销登记。

年度核验结果，核验机关可以向社会公布。

4.出现哪些情形期刊暂缓通过核验？

在期刊的年度核验中，如出现下列情形之一的，暂缓年度核验：

(1)正在限期停业整顿的。

(2)经审核发现有违法情况应予处罚的。

(3)主管单位、主办单位未履行管理责任，导致期刊出版管理混乱的。

(4)存在其他违法嫌疑需要进一步核查的。

暂缓年度核验的期限由省、自治区、直辖市新闻出版行政部门确定，报国家新闻出版行政部门备案。缓验期满，重新办理年度核验。

5.出现哪些情形期刊不予通过核验？

期刊年度核验中，有下列情形之一的，不予通过年度核验：

(1)违法行为被查处后拒不改正或者没有明显整改效果的。

(2)期刊出版质量长期达不到规定标准的。

(3)经营恶化已经资不抵债的。

(4)已经不具备《期刊出版管理制度》第九条规定条件的。

不予通过年度核验的，由国家新闻出版行政部门撤销《期刊出版许可证》，所在地省、自治区、直辖市新闻出版行政部门注销登记。

未通过年度核验的，期刊出版单位自第二年起停止出版该期刊。

6.期刊出版单位违反规定可采取哪些行政措施？

期刊出版单位违反有关规定，新闻出版行政部门可视其情节轻重，采取下列行政措施：

(1)下达警示通知书。

(2)通报批评。

(3)责令公开检讨。

(4)责令改正。

(5)责令停止印制、发行期刊。

(6)责令收回期刊。

(7)责成主办单位、主管单位监督期刊出版单位整改。

警示通知书由国家新闻出版行政部门制订统一格式，由国家新闻出版行政部门或者省、自治区、直辖市新闻出版行政部门下达给违法的期刊出版单位，并抄送违法期刊出版单位的主办单位及其主管单位。上述行政措施可以并用。

7.期刊常见违规有哪几类？管理部门如何处罚？

期刊在出版过程中常出现的违规行为包括：

(1)未经批准，擅自设立期刊出版单位，或者擅自从事期刊出版业务，假冒期刊出版单位名称或者伪造、假冒期刊名称出版期刊。依照《出版管理条例》由出版行政主管部门、工商行政管理部门依照法定职权予以取缔；依照《中华人民共和国刑法》关于非法经营罪的规定，依法追究刑事责任；尚不够刑事处罚的，没收出版物、违法所得和从事违法活动的专用工具、设备，违法经营额1万元以上的，并处违法经营额5倍以上10倍以下的罚款，违法经营额不足1万元的，可以处5万元以下的罚款；侵犯他人合法权益的，依法承担民事责任。

(2)期刊出版单位擅自出版增刊、擅自与境外出版机构开展合作出版项目。依照《出版管理条例》由出版行政主管部门、工商行政管理部门依照法定职权予以取缔；依照《中华人民共和国刑法》关于非法经营罪的规定，依法追究刑事责任；尚不够刑事处罚的，没收出版物、违法所得和从事违法活动的专用工具、设备，违法经营额1万元以上的，并处违法经营额5倍以上10倍以下的罚款，违法经营额不足1万元的，可以处5万元以下的罚款；侵犯他人合法权益的，依法承担民事责任。

(3)期刊出版含有《出版管理条例》和其他有关法律、法规以及国家规定禁载内容。依照《出版管理条例》，对触犯刑律的，依照《中华人民共和国刑法》有关规定，依法追究刑事责任；尚不够刑事处罚的，由出版行政主管部门责令限期停业整顿，没收出版物、违法所得，违法经营额1万元以上的，并处违法经营额5倍以上10倍以下的罚款；违法经营额不足1万元的，可以处5万元以下的罚款；情节严重的，由原发证机关吊销许可证。

(4)期刊出版单位出卖、出租、转让本单位名称及所出版期刊的刊号、名称、版面，转借、转让、出租，以及出卖《期刊出版许可证》。依照《出版管理条例》，由出版行政主管部门责令停止违法行为，给予警告，没收违法经营的出版物、违法所得，违法经营额1万元以上的，并处违法经营额5倍以上10倍以下的罚款，违法经营额不足1万元的，可以处5万元以下的罚款；情节严重的，责令限期停业整顿或者由原发证机关吊销许可证。

(5)期刊出版单位允许或者默认广告经营者参与期刊采访、编辑等出版活动。依照《出版管理条例》，由出版行政主管部门责令停止违法行为，给予警告，没收违法经营的出版物、违法所得，违法经营额1万元以上的，并处违法经营额5倍以上10倍以下的罚款，违法经营额不足1万元的，可以处5万元以下的罚款；情节严重的，责令限期停业整顿或者由原发证机关吊销许可证。

(6)期刊擅自变更名称、主办单位或主管单位、业务范围、刊期，期刊出版单位擅自变更名称、合并或分立、改变资本结构、出版新的期刊;期刊出版单位未将涉及国家安全、社会安定等方面的重大选题备案的;期刊出版单位未依照《期刊出版管理规定》缴送样刊的。依照《出版管理条例》,由出版行政主管部门责令改正,给予警告;情节严重的,责令限期停业整顿或者由原发证机关吊销许可证。

8.期刊出版单位的哪些违规行为应给予警告?

期刊出版单位有下列行为之一的,由国家新闻出版行政部门或者省、自治区、直辖市新闻出版行政部门给予警告,并处3万元以下罚款:

(1)期刊出版单位变更期刊开本、法定代表人或者主要负责人及在同一登记地内变更地址,未按规定报送备案的。

(2)期刊休刊未按规定报送备案的。

(3)刊载损害公共利益的虚假或者失实报道,拒不执行新闻出版行政部门更正命令的。

(4)公开发行的期刊转载、摘编内部发行出版物内容的。

(5)期刊转载、摘编互联网上的内容,未对其内容进行核实,未在明显位置标明下载文件网址、下载日期的。

(6)未按照规定刊载期刊版本记录的。

(7)违反规定未在期刊封面的明显位置刊载期刊名称和年、月、期、卷等顺序编号,或以总期号代替年、月、期号的;期刊封面其他文字标识明显于刊名的;期刊的外文刊名不是中文刊名的直译的;外文期刊封面未同时刊印中文刊名的;少数民族文种期刊封面未同时刊印汉语刊名的。

(8)“一号多刊”的。

(9)出版增刊违反有关增刊规定的。

(10)违反规定制作期刊合订本的。

(11)刊登有偿新闻或者违反相关经营规定的。

(12)以不正当竞争行为开展经营活动或者利用权力摊派发行的。

9.期刊的主办单位应该承担什么职责?

期刊的主办单位对所办期刊承担的职责与报纸主办单位对所办报纸承担的职责相同,请参照第一部分之“报纸出版管理”中“报纸的出版管理”第8条内容。

10.期刊的主管单位有哪些职责?

期刊的主管单位对所属的期刊出版单位及其主办单位承担的职责与报纸主管单位对所属的报纸出版单位及其主办单位承担的职责相同,请参照第一部分之“报纸出版管理”“报纸的出版管理”第9条内容。

11.期刊编辑出版工作制度由哪些部分组成?

期刊编辑出版工作制度主要包括四个部分:

(1)章程。章程由期刊编辑出版的主办单位制订,主要规定具有稳定性和约束性的期刊编辑出版单位的基本纲领和行动准则,规定期刊编辑出版单位的组织规程和办事规则。章程一般应包括总则、分则和附则三个部分。

(2)规划。规划是基于期刊章程而制订的较全面和长远的发展计划。期刊发展规划应基于国家五年计划及产业政策,制订符合本部门的发展规划。规划一般应包含指导思想、发展环境、发展目标、保障措施等内容。

(3)岗位职责。期刊编辑出版岗位包括社长(主任)、主编、编辑、编务等类别,应分别根据单位的具体情况,制订不同的岗位职责规定。

(4)规章制度。期刊编辑出版规章制度种类较多,涵盖期刊编辑出版的全流程,是对具体工作事项的规定和约束。主要的规章制度，包括《稿件处理规定》《质量标准及差错责任追究办法》《学术道德建设规定》《组稿实施办法》《期刊审读规定》等。

(四)期刊的评估

1.期刊质量评估包含哪些内容？

期刊质量评估主要包含四个方面：(1)政治标准；(2)业务标准；(3)编辑标准；(4)出版标准。期刊质量评估的具体内容，遵循分类制订标准的办法。首先将期刊分为社会科学期刊和科学技术期刊两大类别，两类再分别根据不同小类进行评估。以国家相关行政部门的文件法规为基准，各省级新闻出版行政部门分别根据具体情况制订相关标准的执行细则。

2.期刊常用的国家标准有哪些？

期刊常用的国家标准主要涉及如下三个方面(以下按发布时间为序分类排列)：

(一)语言文字规范

GB/T 3259—1992《中文书刊名称汉语拼音拼写法》

GB/T 7408—2005《数据元和交换格式　信息交换　日期和时间表示法》

GB/T 8170—2008《数值修约规则与极限数值的表示和判定》

GB/T 15835—2011《出版物上数字用法》

GB/T 15834—2011《标点符号用法》

GB/T 16159—2012《汉语拼音正词法基本规则》

(二)量和单位

GB 3100—1993《国际单位制及其应用》

GB 3101—1993《有关量、单位和符号的一般规则》

以及标准号为 GB 3102.1 至 3102.13 的各类具体学科的量

和单位国家标准。

（三）期刊编排

GB/T 3468—1983《检索期刊编辑总则》

GB/T 6447—1986《文摘编写规则》

GB/T 7713—1987《科学技术报告、学位论文和学术论文的编写格式》

GB/T 11668—1989《图书和其他出版物的书脊规则》

GB/T 788—1999《图书和杂志开本及其幅面尺寸》

GB/T 9999—2001《中国标准连续出版物号》

GB/T 3179—2009《期刊编排格式》

GB/T 13417—2009《期刊目次表》

GB/T 7714—2015《信息与文献　参考文献著录规则》

3.社会科学期刊质量评估的标准是什么？

社会科学期刊质量评估的标准是：

社会科学期刊所载内容必须真实、准确、及时，稿件选用应积极传播和积累一切有益于经济发展和社会进步的科学技术和文化知识，丰富人民的精神生活，有益于弘扬民族文化，促进国际文化交流。

学术理论类期刊：能反映国内学术水平，论点明确、论据充分，并具有创新性、探索性和较高学术价值。

工作指导类期刊：选题应面向本行业、本系统，信息传递及时，提出的观点针对性强，有很强的指导性。

时事政治类期刊：必须正确宣传中国共产党和我国政府的方针、政策，报道内容要真实、准确、及时，注重宣传实效，融思想性、知识性、可读性于一体。

文学艺术类期刊：应积极弘扬主旋律，做到题材多样化，反映时代精神，继承、弘扬民族优秀文化，汲取、借鉴世界优秀文化,格调健康,品位高雅,有较高的艺术水平,能多方面地满足人民的审美需要。

综合文化生活类期刊:内容应健康向上,思想性强,知识面广,具有较强的科学性和可读性,作品题材新颖,富有独创性,报道真实、准确,正确引导人民的人生观及道德观。

教学辅导类期刊:所用文章应科学精练,正确无误,适合刊物读者对象,具有针对性、教育性、实用性,有助于学习、掌握科学文化知识,开阔视野,培养创造能力。

信息文摘类期刊:选登的信息应真实,时效性强,信息量大,有利于社会的发展,有利于传播和积累科学文化知识。

社会科学期刊的编辑加工,应遵守国家颁布的有关标准及出版、印刷等有关规定;版式设计疏密得当,图文协调,主题突出,转接页少;封面、插图、图片设计新颖、大方、健康,具有艺术美感,与办刊宗旨和刊物内容相一致;版本记录项目齐全;文字没有繁简混用情况。

社会科学期刊印成品应字体清晰,墨迹浓淡适宜、不浸不透,图幅清洁,线条规范,无倒转,照片层次分明,反差适度;装帧整齐、坚固、美观,无夹、缺、损、折、联、白页等;按期出版,无拖期现象。

4.社会科学期刊的政治标准是什么?

社会科学期刊总的政治标准为:

(1)严格遵守国家宪法和法律。

(2)坚持党的基本路线,全面准确地宣传党的路线、方针、政策,严格遵守党的有关宣传纪律。

(3)遵守《中华人民共和国保守国家秘密法》,维护国家利益。

(4)认真贯彻党的民族、宗教政策,维护国家统一,促进民族团结和社会稳定。

(5)严格遵守党和国家有关新闻出版的方针、政策和法规，严格执行《期刊管理暂行规定》等期刊管理法规和制度。

分类政治标准为：

学术理论类：严格按照办刊宗旨及专业分工范围出刊，坚持为人民服务、社会主义服务的方向，认真贯彻党的“双百方针”，促进社会科学学术事业的繁荣与发展。

工作指导类：能够按办刊宗旨及专业分工范围出刊，积极、有效地指导本系统、本行业、本地区的工作，坚持把社会效益放在首位。

时事政治类：严格按照办刊宗旨及专业分工范围出刊，坚持正确的舆论导向和政治方向，把社会效益放在首位。

文学艺术类：能够按办刊宗旨及专业分工范围出刊，坚持为人民服务、为社会主义服务的方向，认真贯彻党的“双百方针”，弘扬时代主旋律，多层次、多侧面反映时代风貌，坚持把社会效益放在首位。

综合文化生活类：能够按照既定办刊宗旨及专业分工范围出刊，坚持把社会效益放在首位，贯彻党的“双百方针”，弘扬社会主义主旋律，多层次、多侧面反映时代风貌，为广大人民群众服务。

教学辅导类：能够按照办刊宗旨及专业分工范围出版，坚持社会效益第一的原则，保护和促进中小学生身心健康成长。

信息文摘类：能够按照办刊宗旨及专业分工范围出版，坚持社会效益第一的原则，大力弘扬主旋律，促进社会主义精神文明建设，提高全民族的文化素质。

5.科学技术期刊的政治标准是什么？

科学技术期刊的政治标准为：

(1)坚持“一个中心,两个基本点”的基本路线,坚持“科学技术工作必须面向经济建设”的方针。

(2)认真贯彻和体现国家有关科学技术和出版方面的政策、法令、条例。

(3)正确执行有关保密、版权、专利、国家等项规定。

(4)在学术上要认真贯彻执行“百花齐放,百家争鸣”的方针,坚持辩证唯物主义和历史唯物主义。

(5)积极倡导社会主义科技道德、编辑道德,重视社会主义精神文明建设。

(6)在注重社会效益(包括潜在效益)的前提下,不断努力提高经济效益。

6.社会科学期刊考核评估的业务标准是什么?

(1)学术理论类。

①学术水平:能代表该学科的学术水平,反映该学科的研究前沿和研究热点,在该学科的研究中起到促进作用。

②社会影响:关心社会现实,理论联系实际,在解决实际问题上做出突出贡献,或者对决策部门和管理部门的工作有较大的帮助。符合或基本符合上述要求并具有较大社会影响的文章占有一定比例。

③写作质量:所载文章论点明确,论据充分,概念严谨,推理逻辑严密,没有自相矛盾不能自圆其说的情况。

④刊物特色:与同一学科的众多期刊相比,在学术内容和风格上具有自己的特色。

(2)工作指导类。

①严格遵守刊物既定办刊宗旨和编辑方针,期刊能充分体现本系统、本行业的特点。

②体现办刊宗旨和直接指导本系统、本行业、本地区开展工

作的栏目，应占本刊栏目总数和期刊篇幅的60%以上。栏目所刊文章要在指导工作方面发挥较大作用。

③在办刊宗旨和刊物特点所涉及的范围内，注意传播信息的广泛性。每期刊物要保证一定量的信息，本刊首发稿占总篇幅的60%以上。

④所刊内容要及时、准确，既要体现正确的舆论导向和政治方向，又要体现生动活泼的形式，并符合本系统、本行业、本地区的有关规定。

(3)时事政治类。

①严格遵守刊物既定办刊宗旨和编辑方针，特色鲜明。

②正确宣传党的基本理论和路线、方针、政策，指导性强。

③刊载内容全面、正确地体现“团结、稳定、鼓励”“正面宣传为主”“弘扬主旋律”等重要宣传报道方针。

④舆论导向正确，深刻反映社会生活的本质和主流，善于引导社会热点，正确发挥舆论监督作用。

⑤刊载内容真实准确，观点鲜明，报道及时，现实针对性强；见解深刻，入情入理，富于创见和感染力，注重宣传实效。

⑥刊载内容格调健康高雅，积极向上，不迎合低级趣味；讲究宣传艺术；体现思想性、知识性、可读性的统一。

(4)文学艺术类。

①弘扬主旋律，坚持题材、形式和风格多样化。

②继承、发扬民族优秀文化，汲取、借鉴世界优秀文化；在继承和借鉴的基础上，能进行成功的创新和发展。

③能不断坚持艺术理论和艺术形式的创新和探索，多方面地满足人民群众的审美需求。

④刊载作品格调健康，品位高雅，语言生动流畅，语法规范；刊载信息、资料及知识介绍准确无误。

⑤刊载作品在读者中有较强反响，刊物社会声誉较好。

⑥刊载内容与形式协调统一。

(5)综合文化生活类。

①刊载作品题材新颖，独家专稿(组稿)比重大。每期转载、转摘其他媒介(书报刊)文章不超过本刊总篇幅的5%。

②刊载作品观点鲜明、导向正确，表现形式多样化，积极反映现实生活，坚持以正面宣传为主。

③刊载内容丰富、健康、向上，知识面广且新。正确引导人民群众尤其是青少年的人生观、价值观及道德观。

④刊载记实性作品，内容必须真实、准确。无假新闻和变相有偿新闻。

⑤刊载内容思想性强，并具有较强的可读性、科学性。无伪科学或反科学的文章及观点。

⑥刊物具有读者喜爱的名牌栏目1～2个。刊载过的文章获奖率或被其他媒介转载、改编、转摘率较高。

(6)教学辅导类。

①导向性：期刊内容符合全面发展的教育方针和教育法规，不偏离教育规律，贯彻教育改革精神。格调健康，能够激励读者奋发进取，陶冶情操，有助于读者学习知识、技能、方法，开阔视野，提高能力。

②科学性：期刊内容中的基础知识、基本观点、史实、公式、数据、图表等无科学性错误，语法、修辞、逻辑应规范，计量单位应符合国家标准。

③可读性：语言文字生动、流畅、层次清晰，通俗易懂，适应读者对象的年龄特征和要求。

(7)信息文摘类。

①刊摘内容健康，积极向上，品位高雅，弘扬真善美，传播有

利于读者身心健康的知识和信息。

②刊摘内容知识面广，思想性强，信息丰富且客观真实，具有实用性或启迪性。

③刊摘内容注重思想性、知识性、可读性的结合，适应读者需求，符合时代特点。

④刊摘内容在读者中有较强反响，普遍受到读者欢迎，刊物的社会声誉较好。

7.社会科学期刊考核评估的编辑标准是什么？

(1)学术理论类。

①尊重知识产权，遵守《中华人民共和国著作权法》，在每篇文章后标明足够的参考文献，并在醒目位置标有英文目次、摘要及版权说明。

②文字无繁简字混用。使用语言规范，语句简练，无病句，无生造名词、概念；无知识性、常识性错误；标题、目标页无差错，内文差错率符合规定标准。

③标题、目录、图表、注释、公式、参考文献等编排规范；标点符号、数字及计量单位等书写格式符合国家规定。

④版本记录齐全、完整和规范，主管单位、主办单位、印刷单位、发行单位、出版日期、刊期、主编(总编)姓名、发行范围、定价、刊号(包括分类号及取得国际标准连续出版物号者)、《广告经营许可证》等无缺漏。

⑤整体设计思想鲜明，符合刊物专业特色，全年具有连续性。

⑥封面、插图、图片设计健康、新颖大方。封面刊名突出，年度、期号及各种标识规范完整。

⑦版式设计疏密得当，图文协调，字号选择既能体现编辑思想，又有较好的视觉效果。文章标题突出，转接页少、无逆转。

(2)工作指导类。

①尊重知识产权,遵守《中华人民共和国著作权法》。

②标题、目录、图表、注释、公式、参考文献等编排规范。

③标点、符号、数字及计量单位等书写格式符合国家规定。

④文字无繁简混用,无语病及知识性、常识性错误。标题、目录无差错,内文差错率符合有关标准。

⑤版本记录符合规定,主管单位、主办单位、印刷单位、发行单位、出版日期、刊期、主编(总编)姓名、发行范围、定价、刊号(包括分类号及取得国际标准连续出版物号者)、《广告经营许可证》等无缺漏。

⑥整体设计思想鲜明,并能体现刊物专业特色,全年具有连续性。封面、插图、图片设计健康、新颖大方,具有艺术感染力和审美情趣,与办刊宗旨和内容相一致。封面刊名突出,年度、期号及各种标识规范完整。

⑦版式设计疏密得当,图文协调,字号选择既能体现编辑思想,又有较好的视觉效果,文章标题突出,转接页少、无逆转。

(3)文学艺术类。

①尊重知识产权,遵守《中华人民共和国著作权法》。

②文章无知识性、常识性错误。纪实性质的文学作品和学术论文中使用的资料、引文,属实可靠、准确。使用语言、文字、标点符号等规范、准确,文字无繁简混用情况。

③标题、目录面无差错,内文差错率符合有关标准。

④遵守国家颁布的有关标准、法定计量单位,数字、计量单位等书写格式符合国家规定。

⑤版本记录符合规定,主管单位、主办单位、印刷单位、发行单位、出版日期、刊期、主编(总编)姓名、发行范围、定价、刊号(包括分类号及取得国际标准连续出版物号者)、《广告经营许可

证》等无缺漏。

⑥整体设计及封面设计体现办刊宗旨，刊名突出，位置适当，年度、期号完整规范，全年具有连续性。

⑦版式设计疏密得当，图文协调，字号选择既能体现编辑思想，又有较好的视觉效果，文章、作品标题突出，转接页少、无逆转。

(4)教学辅导类。

①遵守知识产权，遵守《中华人民共和国著作权法》。

②标题、目录面无差错，内文差错率(包括文字、数字、标点符号、外文字母、拼音字母等)符合有关标准。

③版本记录齐全完整，主管单位、主办单位、印刷单位、发行单位、出版日期、刊期、主编(总编)姓名、发行范围、定价、刊号(包括分类号及取得国际标准连续出版物号者)、《广告经营许可证》等无缺漏。

④整体设计及封面设计体现办刊宗旨，刊名突出，位置恰当，年度、期号完整、齐全、规范，全年具有连续性。

⑤版式设计疏密得当，图文协调；选用字号恰当，幼儿、少儿、低年级读物应以四号字为宜，成人读物也不宜小于五号字。文章标题突出，转接页少、无逆转。

(5)信息文摘类。

①尊重知识产权，严格遵守《中华人民共和国著作权法》。

②使用语言、文字、标点符号等规范、准确，文章无知识性、常识性错误，文字无繁简混用情况。

③标题、目录面无差错，内文差错率符合有关标准。

④遵守国家颁布的有关标准、法定计量单位，数字、计量单位等书写格式符合规定。

⑤版本记录齐全、规范。主管单位、主办单位、印刷单位、发

行单位、出版日期、刊期、主编(总编)姓名、发行范围、定价、刊号(包括分类号及取得国际标准连续出版物号者)、《广告经营许可证》等无缺漏。

⑥整体设计及封面设计体现办刊宗旨，刊名突出，位置适当，年度、期号完整规范，全年具有连续性。

⑦版式设计疏密得当，美观大方，图文并茂，富有特色，刊摘文章标题突出，转接页少、无逆转。

8.社会科学期刊考核评估的出版标准是什么？

社会科学期刊考核评估的出版标准包括统一标准和分类标准两个类型。

(1)统一标准。

①期刊的出版、印刷、发行、核验，以及登记项目的变动，符合审批登记的有关规定。

②按规定日期出版，不无故拖(脱)期，不随意出版增刊、合刊。

③印成品字迹清晰、字体完整，版心周正；照片反差适度，层次分明；装订整齐、牢固，无缺损。

(2)分类标准。

①学术理论类：积极做好刊物的宣传征订工作，在创刊两年后，发行量达到与其读者对象相适应的水平；遵守国家经营广告的有关法律、法规，刊载广告内容必须真实可靠，导向正确，广告设计美观、健康、大方。

②工作指导类：积极、合理、有效地做好刊物的宣传征订工作，在创刊两年后，其发行量达到与读者对象相适应的水平；遵守国家经营广告的有关法律、法规，刊物广告内容必须真实可靠，导向正确，广告设计美观、健康、大方；杜绝有偿新闻和隐形广告。

③时事政治类：积极做好刊物的宣传征订工作，在创刊两年

后，其发行量达到与读者对象相适应的水平；遵守国家经营广告的有关法律、法规，刊物刊载广告内容必须真实可靠，导向正确，广告设计美观、健康、大方；杜绝有偿新闻与隐形广告。

④文学艺术类：积极、有效地做好刊物的宣传征订工作，在创刊两年后，发行量达到与其读者对象相适应的水平；遵守国家经营广告的有关法律、法规，刊载广告内容真实、可靠，导向正确，广告设计健康、美观。

⑤综合文化生活类：刊物发行量稳定并逐年增长。平均期发数 3 万册以上；新创办期刊须在三年内达到 3 万册以上，少数民族地区及文种的同类期刊发行量除外；严格遵守国家经营广告的有关法律、法规，所刊广告内容真实可信、健康有益，导向正确，广告设计美观大方，无低级趣味及虚假广告。

⑥教学辅导类：印成品字迹清晰、墨色均匀，图像完整、清楚，装订整齐、牢固，无缺损；积极、合理地做好刊物的宣传征订工作，在创刊两年后，发行量达到与其读者相适应的水平；遵守国家经营广告方面的有关法律、法规，刊载广告内容真实可信，符合读者对象特征和要求，广告设计健康、大方。

⑦信息文摘类：发挥信息文摘类期刊的优势，达到比其他类期刊较大的发行量。信息文摘类期刊期发行量必须达到 3 万份以上；新创办期刊期发行量须在三年内达到 3 万册以上，少数民族地区及文种的同类期刊发行量除外；遵守国家经营广告的有关法律、法规，刊载广告内容真实、可靠，导向正确，广告设计健康、美观。

9.科学技术期刊考核评估的业务标准是什么？

（1）指导（综合）类。

科学性：论文立论应符合事物发展的客观规律，应根据社会现实需要，做到论据充分，材料丰富，数据齐全可靠，分析透彻，观点明确,层次分明,论证有力,推理有逻辑性,结论正确,有普遍的现实意义,并结合实际,有切实可行的建议。

创新性:文章应有新论点、新认识,或提出具有研究意义的新问题。切忌材料陈旧,论证肤浅,无新意。

导向性:应充分利用自身作为信息源的优势,为科研工作的正确开展,为生产建设、经贸活动的顺利进行,为加速科研成果的诞生,发挥导向作用。

预见性:文章所披露的信息,除应紧密结合当时的社会需要,还应具有超前意义。

(2)学术类。

反映本学科学术水平和发展动向,及时报道本学科重大科研成果(含阶段性成果)和科研进展,代表学科发展前沿,有超前意识。

发表的文章有创新,有突破性,立论科学、正确、充分,有较高的学术价值。

注重理论与实践、当前与长远、应用与储备、学科发展与新学科生长点,填补空白,注重高新技术基础性研究和科学技术转化为生产力。

努力增强在国际上的学术地位和影响。

(3)技术类。

创新性:文章内容应具有新论点、新认识、新发现、新发明、新方法或提出具有研究意义的新问题,力求达到国际水平或国内领先水平。

实用性:所载内容应紧密结合本行业生产、科研、教学、决策的需要。

系统性:在报道内容上应始终保持一定数量的基础技术、高技术和应用技术等方面的文章,以保障各种技术科学研究的系统性。

导向性:应充分利用自身作为信息源的优势,通过报道综述性文章、具有超前信息的文章、本学科前沿课题的文章以及争鸣的文章,为科研工作的正确开展,为生产建设的顺利进行,为加速科研成果诞生,发挥预见和导向作用。

(4)检索类。

①搜集和报道的文献要“全”。

学科类目:任一学科检索期刊所报道的文献范围,应包括本学科的各有关类目。

文献类目:任一学科检索期刊应取材于各种类型文献,如期刊、图书、资料、报告、专利、标准等。凡取材于单一类型文献的检索期刊应予以说明。

报道数量:任一学科检索期刊的年报道量中,所反映本学科的文献齐全。文摘类检索期刊应报道本学科(专业)核心文献源的85%以上,目录类检索期刊应报道本学科(专业)全部文献源的75%以上。

②读者查找使用要“便”。

标引:检索期刊必须具有反映内容特征的标引,其方式可采用主题法或分类法。

索引:检索期刊必须编有索引,并不断提高质量,确保读者使用方便,满足检索需要。各检索期刊至少应编有年度主题索引或年度分类索引,有条件的检索期刊也可增编其他索引。

检索期刊每年第一期应刊登引用文献源一览表,引用的核心期刊,应在一览表中予以注明。

报道形式:检索期刊可以采用文摘、简介、题录三合一的形式,也可采用单一报道形式。凡属文摘类期刊,每期文摘、简介的报道量不得少于60%。

著录：检索期刊著录格式应符合国家标准 GB 3793—83《检索期刊条目著录规则》中所规定的格式。

③报道的时差要“快”。

文摘类期刊，报道国内文献的时差（指文献源出版时间与检索期刊出版时间之差），不应超过一年，目录类期刊还应在此基础上再进一步缩短时差。

（5）科普类。

内容丰富，科学健康，思想和方法正确，导向性强，选题符合办刊方针。

涉猎的知识面广，文章通俗易懂。思路开阔，既生动活泼，又严肃认真地宣传和普及科学技术知识，交流科学技术思想方法和信息。吸引、鼓励并引导人们去进行科学实验和探索。为提高全民族的科学文化素质服务。培养社会主义经济建设的科技人才。

宣传和推广科技成果，为科学技术转化为第一生产力服务。

10.科学技术期刊考核评估的编辑标准是什么？

（1）指导（综合）类。

根据自己所属专业的特点和自身的技术优势，将编辑学、实用美学、技术科学结合起来，对本刊的报道内容、报道形式、报道项目和内容水准有总体构思，力争将自身办成有特色、高水平的期刊。

报道计划：应有为实现其办刊方针和具体任务而制订的报道大纲和年度报道计划。计划要求内容先进、具体，年有重点、期有中心。

编排设计：除正文外，报道项目还应包括：封面、版权（中、英文）、月次（中、英文）、页眉、摘要（中、英文）、参考文献、年终索引、收稿日期、作者简介等。

信息密度：期刊应利用编辑与排版技巧，深入挖掘版面潜力，努力扩大信息容量，同时还应剔除文章中不必要的字句，以提高期刊的价值。

报道时差：应以最快的速度，把信息报道出去，以减少信息贬值。

文字加工：所载文章应层次清楚，结构严谨，文字精练，文理通顺，主题突出，逻辑性强。

标准与规范：在编辑、出版工作中，应全面贯彻执行有关的国家标准。

(2)学术类。

贯彻执行国家有关出版标准，学科专业名词和术语统一、标准、规范。

根据学科发展情况和读者需要提出近、中、远期报道计划。

努力减少稿件在编辑部的滞留时间，以最快的速度报道出去，减少信息贬值。

信息容量高，稿源丰富。

选题配置得当，栏目设计合理，体例一致。

确保学术上无误，数据、公式、反应式、结构式等正确真实。

文章层次分明，结构严谨，条理清晰，逻辑性强，文字精炼，标点符号、数字使用正确。

(3)技术类。

报道计划：应有为实现期刊方针而制订的报道大纲和每年的报道计划，报道计划要求内容先进、具体，年有重点、期有中心。应根据期刊所属专业的特点和自身的技术优势，将编辑学、实用美学和技术科学结合起来，对其报道内容、报道形式、报道项目和内容水准有个总体构思，力争将自身办成有特色、高水平的期刊。

编排设计：除正文外，报道项目还应包括：封面、版权（中、英文）、目次（中、英文）、页眉、摘要（中、英文）、主题词（中、英文）、参考文献、年度索引(中、英文)、收稿日期、作者简介等。

信息密度:应利用编辑与排版技巧,深入挖掘版面潜力,努力扩大信息容量,尽量剔除文章中不必要的字句,提高期刊价值。

报道时差:应努力减少稿件在编辑部的滞留时间,把文章以最快的速度报道出去,减少信息贬值。

标准与规范:应全面贯彻国家现行的有关标准。实现标准化,努力创造条件实施有关的国家标准,努力实现规范化,降低差错率。

文字加工:应注意文章的修饰润泽,增强感染力,做到层次清楚,结构严谨,文字精练,文理通顺,主题突出,逻辑性强。

(4)检索类。

检索类期刊的编辑工作应符合国家标准《检索期刊编辑总则》。

刊名要长期保持稳定。

每期均应附有使用说明和著录格式解释。

文摘的编写要符合国家标准《文摘编写规则》。

(5)科普类。

信息容纳量高。

稿源丰富。

文章层次和结构严谨,逻辑性强,语言精练,文理通顺。

编辑加工认真、负责。

标点符号、数字使用正确、标准、规范,差错率低。

图表设计合理,线条粗细得当,图表的标号和文字使用与正文呼应。

11.科学技术期刊考核评估的出版标准是什么?

(1)指导(综合)类。

版式设计:版式应和谐醒目,图表规范,字型考究,装饰适度，清新活跃，封面美观庄重，主题突出，构思新颖，简洁明快，著录项目符合国家标准。

印刷与装订：印刷要求字体清晰，线条规范，墨迹浓度适宜，不浸不透，无压痕，无“重影”，版面清洁，照版强弱适度，层次分明，装订牢固、平整、规范。

出版发行：上报期刊的发行份数和出版日期，以报刊发行局的印数通知单为准，以全年各期统计。

(2)学术类。

版式设计科学、规范、合理、美观、布局协调，版权、目次页内容符合标准，错字率低，四封庄重，富有特色。

印刷清晰，墨色浓淡相宜、均匀、无污迹，印刷装订无差错，装帧整齐、规范、坚固。

创造条件，提高用纸质量，按期出版发行。

(3)技术类。

版式设计：要求设计规范，协调醒目，字型考究，体例统一，倒转排少，装饰适度，清新活跃，富有特色。封面应做到美观庄重，内涵丰富，构图新颖，简洁明快，主题突出，印刷精良，质地良好，著录项目齐全规范。

印刷装订：要求字体清晰，线条规范，墨迹浓淡适宜，不浸不透，无“重影”，无压痕，版面清洁，照版强弱反差适度，层次分明。装订要求牢固平整，裁切整齐，无缺、损、倒、联、白页。

出版发行：创造条件，提高用纸质量，缩短出版周期，按期出版发行。

(4)检索类。

版面设计与印刷质量力求实用、清晰、美观、大方，按时出版发行。

要注意提高刊物的社会效益和经济效益。

编辑部应机构健全，工作制度完善。

错误率，指标引、出处、译文、数据、错别字、标点符号和著录等，不超过万分之五。

(5)科普类。

版面设计合理，美观大方，图文并茂，有特色。四封色调和谐，设计高雅、清新。版权、目次页内容符合标准。

四封印刷套色准确。正文及图表印刷墨迹均匀，版面清洁，层次分明。装订牢固、整齐、规范、美观，切口一致，无缺、倒、损、联、白页。

创造条件，提高用纸质量，尽量缩短出版周期，按时出版发行。

12.学术期刊的学术水平和影响力主要通过哪些指标来体现？

学术期刊的影响力，指期刊在一定时期内发表的学术研究成果，在某段时间里促进相关学术研究与应用之发展的能力。随着近年来学术期刊评价领域的繁荣发展，对学术期刊学术水平和影响力进行评价，出现了不同的评价指标体系。各种指标体系中，以下指标使用最为常见。

(1)影响因子。

某一期刊前两年发表的论文在统计当年的被引用次数除以该期刊在前两年发表的论文总数。具体算法为：影响因子＝该刊前两年发表的论文在统计当年被引用的总次数/该刊前两年发表论文总数。两年影响因子是国际上通用的算法。通常，期刊影响因子越大，它的学术影响力和作用也越大。

(2)他引影响因子。

某种期刊前N年发表的论文在第N＋1年被其他期刊所引用的总次数除以该期刊在前N年发表的论文总数。CSCD的他引影响因子以5年计算。

(3)总被引频次。

该刊自创刊以来所登载的全部论文在统计当年被引用的总次数。

(4)他引频次。

某种期刊前N年发表的论文在第N+1年被其他期刊所引用的频次。

(5)基金论文比。

来源期刊中各类基金资助的论文占全部论文的比例。

(6)Web即年下载率。

来源期刊统计当年出版并上网的文献数与其在当年被全文下载篇次之比。该指标表征上网期刊的即年反应速率,可用以测度该期刊在当年网上的扩散度,是研究期刊在网络环境下传播效率的一个新指标。计算公式为:Web即年下载率 = 该刊当年出版并上网的文献在当年被下载的次数/该刊当年出版并上网的文献数。

(7)互引指数。

某一期刊的互引指数为该刊被其他期刊引用频次数据的偏度系数,偏度系数用来度量该刊的被引频次数据分布的偏斜程度。该值越大,互引行为越频繁。

13.科学技术期刊的收录数据库主要有哪些?

(1)国内数据库。

中国科学引文数据库(CSCD);

《中文核心期刊要目总览》(GCJC);

《中国科技期刊引证报告》(CJCR);

RCCSE权威、核心期刊;

中国科技论文与引文数据库(CSTPCD);

《中国学术期刊综合引证报告》(CAJCCR);

中国万方数据资源系统;

维普资讯;

中国知网。

(2)国外数据库。

美国《科学引文索引》(SCI);

美国《工程索引》(EI);

美国《医学索引》(IM);

美国《化学文摘》(CA);

英国《科学文摘》(SA);

俄罗斯《文摘杂志》(AJ);

日本《科学技术文献速报》(JICST);

美国《剑桥科学文摘》(CSA);

英国《动物学记录》(ZR);

英国 INSPEC 数据库;

美国《数学评论》(MR);

德国《数学文摘》(Zbl MATH);

荷兰《医学文摘》(EM);

波兰《哥白尼索引》(IC);

联合国粮农组织统计数据库。

14.社会科学期刊的收录数据库主要有哪些?

(1)国内数据库。

中文社会科学引文索引(CSSCI);

《中文核心期刊要目总览》(GCJC);

《中国人文社会科学核心期刊要览》(CHSSC);

RCCSE 权威、核心期刊;

人大复印报刊资料;

中国万方数据资源系统；

维普资讯；

中国知网。

（2）国际数据库。

美国《社会科学引文索引》（SSCI）；

美国《艺术与人文科学引文索引》（A&HCI）。

15.期刊的定性评价主要包括哪些方面的内容？

刊物的定性评价必须基于各项定性评价指标来进行，各类评价体系根据评价目的不同，自主选择相应的评价指标。期刊的定性评价指标主要有政治标准、学术质量、编辑质量、出版质量、社会影响、质量保障水平等。

（1）政治标准。

政治标准分为思想指导和法律规定两大类。思想指导类标准要求刊物坚持正确的舆论导向，全面、准确地宣传党的路线、方针、政策，严格按照办刊宗旨及专业分工范围出刊，促进社会科学的繁荣与发展。法律规定类标准要求刊物严格遵守国家宪法和法律，遵守《中华人民共和国保守国家秘密法》《中华人民共和国著作权法》等法律，严格执行《出版管理条例》《期刊出版管理规定》等法规。

（2）学术质量。

刊物的学术质量来自于刊发论文的整体学术研究价值和学术影响，包括学理框架的创新和构建、学术前沿的探索和突破、科学研究的互通和融合、实践经验的梳理和提炼、对后续学术研究的影响和激活等。刊物的学术质量是评价学术期刊的主要标准。

（3）编校质量。

编校质量的评价是考评编辑和校对对刊物的贡献度。要求学术刊物注重学术规范建设，所刊发论文学风严谨；刊文符合学术论文的写作要求，遵守国家语言文字规范和学术期刊编排体例，论文注释和参考文献注引标准化；刊物整体文字差错率控制在较低水平；图表编排和标点符号的使用正确等。

（4）出版质量。

出版质量包括刊物能否按时出刊，封面、版式的设计是否得体，刊物印刷的精美程度和装订水平的优劣。

（5）社会影响。

刊物的社会影响包括刊物的学术影响、行业影响、经济效益、公益贡献等内容。具体体现为刊物在学科领域中的地位，对学术人才的培养和支持力度，在发现和培养科研人才方面所起的直接或间接作用；刊物对行业实践的指导价值和意义；促进相关的研究成果应用所获得的经济效益；刊物自身的发行收入水平；等等。

（6）质量保障水平。

质量保障水平包括刊物人员状况、制度建设、工作流程、硬件条件等。人员状况指刊物主编的政治素质、业务水平、学术素养和学术声望，编辑人员的职称、学历、年龄结构等；制度建设指刊物的内部管理制度、审稿制度、用稿制度、考核制度和分配制度等的合理公正程度，是否体现科学管理、鼓励先进的原则，是否建立符合实际需要的用人制度和严格、科学的绩效考核指标体系；工作流程是否科学高效，有没有质量监督和管控设计；硬件条件包括办公用房、办刊经费、图书资料建设、办公设备等是否达标，在编辑、审稿、出版、稿件管理等工作中的现代化程度等。

16.期刊编校质量差错率的最低标准和计算方式是什么？

（1）期刊编校质量差错率。

期刊编校差错率，是指一本期刊的编校差错数占全书总字数的比率，用万分比表示。实际鉴定时，可以依据抽查结果对全书进行认定。

(2)期刊编校差错率的最低标准。

期刊编校的差错率不超过万分之三的,其质量为合格。差错率超过万分之三的,其质量为不合格。

四、期刊从业人员管理

1.期刊社领导岗位持证上岗有哪些要求?

期刊社社长、总编辑(主编)应具有副编审以上(含副编审)的职称,或相应专业技术职务;专业技术类刊物,其社长、总编辑应具有本专业中级技术职务,或相应专业职称。期刊主要负责人应在任职前或任职当年或任职后半年内参加岗位培训并取得国家新闻出版行政部门统一印制并用印的《岗位培训合格证书》,证书有效期为5年,在证书有效期满的当年应再次参加岗位培训。

2. 期刊出版单位的从业人员的职业资格条件有哪些要求?

根据《出版专业技术人员职业资格管理规定》:(1)凡在期刊出版单位从事出版专业技术工作的人员,必须在到岗2年内取得出版专业职业资格证书,并按《出版专业技术人员职业资格管理规定》办理登记手续,否则,不得继续从事期刊出版专业技术工作。在期刊出版单位担任责任编辑的人员必须在到岗前取得中级以上出版专业职业资格,并办理注册手续,领取责任编辑证书。(2)在期刊出版单位担任社长、总编辑、编辑室主任(均含副职)职务的人员,除应具备国家规定的任职条件外,还必须具有中级以上出版专业职业资格并履行登记、注册手续。(3)期刊出版专业技术人员应按照规定参加继续教育。

3.期刊出版专业技术人员职业资格分为哪几种?

期刊出版专业技术人员包括在期刊出版单位内承担内容加工整理、装帧和版式设计等工作的编辑人员和校对人员。国家对期刊出版专业技术工作的人员实行职业资格制度,对职业资格实行登记注册管理。

期刊出版专业技术人员职业资格分为初级、中级和高级。初级、中级职业资格通过全国出版专业技术人员职业资格考试取得。高级职业资格通过考试,按规定评审取得。

4.期刊出版专业技术人员如何进行职业资格登记?

《出版专业技术人员职业资格管理规定》指出:中央在京期刊出版单位出版专业技术人员职业资格登记注册工作由国家新闻出版行政部门负责。各省(区、市)新闻出版行政部门负责本行政区域内的期刊出版专业技术人员职业资格登记注册及管理工作。规定指明:(1)已取得期刊出版专业职业资格证书的人员应当在取得证书后3个月内申请职业资格登记;未能及时登记的,在按规定参加继续教育的情况下,可以保留其5年内申请职业资格登记的资格。(2)职业资格首次登记,应提供以下3种材料:期刊出版专业职业资格证书原件;身份证复印件;职业资格登记申请表。(3)职业资格登记材料由申请人所在期刊出版单位统一报送,登记部门在受理后20日内办理职业资格登记手续。

5.期刊出版专业技术人员如何进行职业资格续展登记?

《出版专业技术人员职业资格管理规定》指明:(1)职业资格登记有效期为3年,每3年续展登记一次。续展登记时,由申请人所在出版单位于有效期满前30日内申请办理续展登记手续;如有特殊情况,登记有效期可适当延长,但最长不超过3个月,逾期仍不办理续展登记手续的,原登记自动失效。职业资格登记失效后，按规定参加继续教育的，可以保留其 5 年内申请职业资格续展登记的资格。(2)已按规定办理责任编辑注册手续并取得责任编辑证书的人员，无须办理续展登记。(3)职业资格续展登记需要提供 3 种材料：期刊出版专业职业资格证书原件；职业资格续展登记申请表；近 3 年继续教育证明。(4)已登记的期刊出版专业技术人员变更出版单位或取得高一级职业资格的，应在 3 个月内重新进行职业资格登记。

6.期刊责任编辑需要具备哪些条件?

期刊责任编辑是指在期刊出版单位为保证期刊质量符合出版要求，专门负责对拟出版期刊内容进行全面审核和加工整理并在出版物上署名的编辑人员。从事责任编辑的人员必须具有中级以上出版专业职业资格，并进行了职业资格登记，办理了责任编辑注册，取得责任编辑证书后，方可从事责任编辑工作。

7.期刊责任编辑如何进行首次注册?

《出版专业技术人员职业资格管理规定》要求：(1)申请责任编辑注册的人员应具备与责任编辑岗位相适应的政治素质、业务能力和职业道德，出版单位应对拟申请责任编辑注册人员的上述情况进行审核。(2)责任编辑首次注册应当提交 4 种材料：中级以上期刊出版专业职业资格证书原件；身份证复印件；责任编辑注册申请表；继续教育证明材料。缺少以上任何材料，均不能进行注册。(3)责任编辑注册材料由申请人所在期刊出版单位统一报送。国家新闻出版行政部门负责中央在京期刊出版单位注册材料的受理，其他期刊出版单位注册材料由所在地省、自治区、直辖市新闻出版行政部门受理。注册部门应在受理后 20 日内办理责任编辑注册手续，为同意注册者颁发责任编辑证书。

8.期刊责任编辑如何进行续展注册?

期刊责任编辑注册有效期为 3 年，每 3 年续展注册一次。

续展注册时,《出版专业技术人员职业资格管理规定》要求:(1)由申请人所在出版单位于有效期满前30日内申请办理续展注册手续;如有特殊情况,注册有效期可适当延长,但最长不超过3个月,逾期仍不办理续展注册手续的,原注册自动失效。(2)期刊责任编辑注册失效后,按规定参加继续教育的,可以保留其5年内申请责任编辑续展注册的资格。(3)申请期刊责任编辑续展注册应提供以下3种材料:期刊责任编辑证书原件;期刊责任编辑续展注册申请表;近3年继续教育证明材料。若不符合以上要求,则不能进行期刊责任编辑的续展注册。(4)期刊责任编辑受到出版行政部门警告且情节严重的,或连续2次年度考核达不到岗位职责要求的,或其他特殊情形的,不予续展注册,并注销责任编辑证书。

9.什么是期刊出版专业技术人员的继续教育?

期刊出版专业技术人员继续教育是指对期刊出版专业技术人员进行的以政治理论、法律法规、业务知识、技能训练和职业道德等为内容的教育活动,其目的是促进期刊出版专业技术人员坚持正确出版方向,不断增加、补充、拓展专业知识,提高业务技能,提高创新水平和专业技术水平。

注:有关继续教育方面的内容见本书附录:《出版专业技术人员继续教育暂行规定》。

第三部分 内部资料出版

一、内部资料创办

1.什么是内部资料?

内部资料性出版物(简称内部资料),是指在本行业、本系统、本单位内部,用于指导工作、交流信息的非卖性单本成册或连续性折页、散页印刷品,不包括机关公文性的简报等信息资料。

内部资料分为一次性内部资料和连续性内部资料。

2.申请编印一次性内部资料应当具备哪些条件?

一次性内部资料是指只印刷一次、相对独立、无期数、不连续的内部资料。

申请编印一次性内部资料,须符合以下条件:

(1)申请方应为党政机关、企事业、社会团体等单位。

(2)编印目的及发送范围符合相关规定,编印内容与编印单位的性质和能力相一致。

(3)稿件内容符合《出版管理条例》的相关规定。

(4)拟委托印刷的单位为出版物印刷企业。

3.如何申请编印一次性内部资料?

申请编印一次性内部资料,应当提交申请书和稿件清样。申请书应当载明一次性内部资料的名称、申请单位、编印目的、内容简介、印数、印张数、开本、发送对象、印刷单位等项目。

编印一次性内部资料,应当向所在地省、自治区、直辖市新闻出版行政部门提出申请,经审核批准,领取《内部资料性出版物准印证》(以下简称《准印证》)后,方可从事编印活动。

4.申请编印连续性内部资料应当具备哪些条件?

连续性内部资料是指按年度分期定时印刷的内部资料。

申请编印连续性内部资料,须符合以下条件:

(1)申请方应为党政机关、企事业、社会团体等单位。

(2)有确定的名称,名称应充分体现编印宗旨及地域、行业或单位特征。

(3)有确定的编印目的和固定的发送对象,编印目的应限于与编印单位业务相一致的工作指导、信息交流;编印内容应与编印单位的性质和能力相一致;企业编印散页连续性内部资料,应主要用于指导本企业的生产经营、企业文化和精神文明建设。

(4)有适应编印活动需要的人员。

(5)有稳定的资金来源和固定的办公场所。

(6)拟委托印刷的单位为出版物印刷企业。

5.怎样申请编印连续性内部资料?

申请编印连续性内部资料,应当提交下列材料:

(1)编印连续性内部资料的申请书,内容包括:连续性内部资料的名称、编印目的、栏目设置、印数、印制周期、开本、发送对象和经费来源等项目。

(2)编印单位资质证明材料。

(3)编印人员的基本情况及身份证明。

(4)拟承印单位的《印刷经营许可证》复印件。

编印连续性内部资料,应当向所在地省、自治区、直辖市新闻出版行政部门提出申请,经审核批准,领取《准印证》后,方可从事编印活动。

6.哪些情况下不予核发内部资料《准印证》?

具有下列情形之一的,不予核发内部资料《准印证》:

(1)不符合内部资料的定义和分类,不符合编印内部资料条件的。

(2)广告印刷品、介绍推广本单位基本情况的宣传资料,或者仅含有历法信息及广告内容的挂历、台历、年历等无须申领《准印证》的一般印刷品。

(3)中小学教科书及教辅材料、地图、个人画册、个人文集等应由出版单位出版的作品。

7.如何审批核发内部资料《准印证》?

省、自治区、直辖市新闻出版行政部门自受理申请之日起20日内做出审批决定。决定批准的,核发一次性内部资料或者连续性内部资料《准印证》;不予批准的,应当书面说明理由。

《准印证》按一种内部资料一证的原则核发,其中对一次性内部资料,一次性使用有效;连续性内部资料的《准印证》有效期为1年,期满须重新核发。

《准印证》不得转让和出租出借,内部资料停办后,《准印证》应及时交回发证部门。

二、内部资料出版和管理

1.编印内部资料有哪些违禁内容?

内部资料不得含有《出版管理条例》所列违禁内容,包括:

(1)反对宪法确定的基本原则的。

(2)危害国家统一、主权和领土完整的。

(3)泄露国家秘密、危害国家安全或者损害国家荣誉和利益的。

(4)煽动民族仇恨、民族歧视,破坏民族团结,或者侵害少数民族风俗、习惯的。

(5)宣扬邪教、迷信的。

(6)扰乱社会秩序,破坏社会稳定的。

(7)宣扬淫秽、赌博、暴力或者教唆犯罪的。

(8)侮辱或者诽谤他人,侵害他人合法权益的。

(9)危害社会公德或者民族优秀文化传统的。

(10)法律、行政法规和国家规定禁止的其他内容的。

2.编印内部资料须标注哪些内容?

内部资料必须在封面完整印刷标注《准印证》编号和“内部资料,免费交流”字样,并在明显位置(封面、封底或版权页)标明编印单位、发送对象、印刷单位、印刷日期、印数等,连续性内部资料还须标明期号。

3.编印内部资料须遵守哪些规定?

编印内部资料,应严格按照批准的名称、开本(开版)、周期印制,不得用《准印证》印制其他内容,一次性内部资料不得一证多期，连续性内部资料不得一期多版；严格限定在本行业、本系统、本单位内部交流，不得标价、销售或征订发行，不得在公共场所摆放，不得向境外传播；不得将服务对象及社会公众作为发送对象，也不得以提供信息为名，将无隶属关系和指导关系的行业、企事业单位作为发送对象；不得以工本费、会员费、版面费、服务费等任何形式收取任何费用，不得刊登广告，不得搞经营性活动；编印单位不得利用登记、年检、办证、办照、评奖、验收、论证等工作之便向服务和管理对象摊派或变相摊派；不得将内部资料承包给其他组织和个人，不得与外单位以“协办”等其他形式进行编印和发送。

连续性内部资料不得使用“××报”“××刊”或“××杂志”“记者××”“期刊社”“杂志社”“刊号”等字样，不得在内文中以“本报”“本刊”自称。

4.内部资料的印刷有什么规定？

内部资料必须在编印单位所在地省、自治区、直辖市内的出版物印刷企业印刷。印刷企业接受委托印刷内部资料，须验证所在地新闻出版行政部门核发的《准印证》原件并收存《准印证》复印件；接受委托印刷宗教内容的内部资料，还须验证省、自治区、直辖市人民政府宗教事务管理部门的批准文件。编印和承印单位必须严格按照《准印证》核准的项目印制，严禁擅自更改《准印证》核准项目。《准印证》复印件须保存2年，以备查验。内部资料的印刷质量应符合印刷质量标准。内部资料的编印单位须在印刷完成后10日内向核发《准印证》的新闻出版行政部门送交样本。

5.对内部资料的管理有哪些规定？

各级新闻出版行政部门负责本行政区域内内部资料的日常

监督管理工作。内部资料实行审读制度和质量检查制度，新闻出版行政部门要配备必要的人员和经费对内部资料进行内容审读和质量监管。

连续性内部资料编印单位的有关人员应按照省、自治区、直辖市新闻出版行政部门的要求，参加有关法规、业务培训。

连续性内部资料编印单位需要延续《准印证》有效期的，应当在《准印证》有效期届满30日前向省、自治区、直辖市新闻出版行政部门提出申请。省、自治区、直辖市新闻出版行政部门负责审核连续性内部资料的内容、质量、是否符合许可条件以及是否遵守《内部资料性出版物管理办法》各项规定情况等。审核通过的，重新核发《准印证》；审核未通过或者逾期1个月不办理延期申请的，原《准印证》自动失效，予以注销。《准印证》由省、自治区、直辖市新闻出版行政部门按照国家新闻出版行政部门统一确定的格式制作。

省、自治区、直辖市新闻出版行政部门可根据本地区内部资料管理的情况，对《内部资料性出版物管理办法》规定的内部资料的审批条件和审批程序做出具体规定，也可以规定由副省级以下新闻出版行政部门承担部分审批职责。各级各类学校学生自行编印仅面向本校发送的内部资料由该校校内有关主管部门负责审批和管理。

6.常见的内部资料违规行为有哪几种？如何处罚？

常见的内部资料违规行为有：

(1)未经批准擅自编印内部资料。

(2)编印内部资料有违法违规内容。

(3)编印、发送的内部资料未严格按照登记项目和出版管理要求规范出版，存在刊登广告、有偿发行及协办合办、拉赞助、委托承办等问题，出版不正常(存在脱期、拖期、擅自合期、增期情况)；

(4)委托非出版物印刷企业印刷内部资料或者未按照《准印证》核准的项目印制。

(5)印刷后未及时按规定送交样本。

(6)违反《内部资料性出版物管理办法》其他规定。

有以上行为之一的，由县级以上地方人民政府新闻出版行政部门责令改正、停止违法行为，根据情节轻重，给予警告，并处1千元以下的罚款；以营利为目的从事以上行为的，并处3万元以下罚款。其中，有前款第(1)项至第(3)项违法行为的，对非法编印的内部资料予以没收，超越发送范围的责令收回。未取得《准印证》，编印具有内部资料形式，但不符合内部资料内容或发送要求的印刷品，经鉴定为非法出版物的，按照《出版管理条例》相关规定处罚。

附录

一、中国新闻工作者职业道德准则

（中华全国新闻工作者协会第七届理事会第二次全体会议 2009 年 11 月 9 日修订）

中国新闻事业是中国特色社会主义事业的重要组成部分。新闻工作者要坚持以马克思列宁主义、毛泽东思想、邓小平理论和“三个代表”重要思想为指导，深入贯彻落实科学发展观，高举旗帜、围绕大局、服务人民、改革创新，贴近实际、贴近生活、贴近群众，用马克思主义新闻观指导新闻实践，学习宣传贯彻党的理论、路线、方针、政策，继承和发扬党的新闻工作优良传统，积极传播社会主义核心价值体系，努力践行社会主义荣辱观，恪守新闻职业道德，自觉承担社会责任，敬业奉献、诚实公正、清正廉洁、团结协作、严守法纪，做到政治强、业务精、纪律严、作风正。

第一条　全心全意为人民服务。要忠于党、忠于祖国、忠于人民，把体现党的主张与反映人民心声统一起来，把坚持正确导向与通达社情民意统一起来，把坚持正面宣传为主与加强和改进舆论监督统一起来，发挥党和政府联系人民群众的桥梁纽带作用。

1.积极宣传党和政府的重大决策部署，及时传播国内外各领域的信息，满足人民群众日益增长的新闻信息需求，保证人民群众的知情权、参与权、表达权、监督权；

2.牢固树立群众观点，把人民群众作为报道主体和服务对象，多宣传基层群众的先进典型，多挖掘群众身边的具体事例，多反映平凡人物的工作生活，多运用群众的生动语言，使新闻报道为人民群众喜闻乐见；

3.积极反映人民群众的正确意见和呼声，批评侵害人民利益的现象和行为，依法保护人民群众的正当权益。

第二条 坚持正确舆论导向。要坚持团结稳定鼓劲、正面宣传为主，唱响主旋律，不断巩固和壮大积极健康向上的舆论。

1.始终坚持以经济建设为中心，服从服务于改革发展稳定大局不动摇，着力推动科学发展、促进社会和谐；

2.宣传科学理论、传播先进文化、塑造美好心灵、弘扬社会正气，增强社会责任感，坚决抵制格调低俗、有害人们身心健康的内容；

3.加强和改进舆论监督，着眼于解决问题、推动工作，坚持准确监督、科学监督、依法监督、建设性监督；

4.采访报道突发事件要坚持导向正确、及时准确、公开透明，全面客观报道事件动态及处置进程，推动事件的妥善处理，维护社会稳定和人心安定。

第三条 坚持新闻真实性原则。要把真实作为新闻的生命，坚持深入调查研究，报道做到真实、准确、全面、客观。

1.要通过合法途径和方式获取新闻素材，新闻采访要出示有效的新闻记者证。认真核实新闻信息来源，确保新闻要素及情节准确；

2.报道新闻不夸大不缩小不歪曲事实，不摆布采访报道对象，禁止虚构或制造新闻。刊播新闻报道要署作者的真名；

3.摘转其他媒体的报道要把好事实关，不刊播违反科学和生活常识的内容；

4.刊播了失实报道要勇于承担责任，及时更正致歉，消除不良影响。

第四条　发扬优良作风。要树立正确的世界观、人生观、价值观，加强品德修养，提高综合素质，抵制不良风气，接受社会监督。

1.强化学习意识，养成学习习惯，不断提高政治和业务素质，增强政治意识、大局意识、责任意识，努力成为专家型新闻工作者；

2.深入基层、贴近群众、体验生活，在深入中了解社情民意，增进与群众的感情；

3.坚决反对和抵制各种有偿新闻和有偿不闻行为，不利用职业之便谋取不正当利益，不利用新闻报道发泄私愤，不以任何名义索取、接受采访报道对象或利害关系人的财物或其他利益，不向采访报道对象提出工作以外的要求；

4.尊重新闻同行，反对不正当竞争。尊重他人的著作权益，引用他人的作品要注明出处，反对抄袭和剽窃行为；

5.严格执行新闻报道与经营活动分开的规定，不以新闻报道形式做任何广告性质的宣传，编辑记者不得从事创收等经营性活动。

第五条　坚持改革创新。要遵循新闻传播规律，提高舆论引导能力，创新观念、创新内容、创新形式、创新方法、创新手段，做到体现时代性、把握规律性、富于创造性。

1.深入研究不同传播对象的接受习惯和信息需求，主动设置议题，善于因势利导，不断提高舆论引导能力和传播能力；

2.认真研究传播艺术，利用现代传播手段，采用受众听得懂、易接受的方式，增强新闻报道的亲和力、吸引力、感染力；

3.善于利用新载体、新技术收集信息、发布新闻，提高时效性，扩大覆盖面。

第六条　遵纪守法。要增强法治观念，遵守宪法和法律法规，遵守党的新闻工作纪律，维护国家利益和安全，保守国家秘密。

1.严格遵守和正确宣传国家的民族区域自治制度、各民族平等团结和宗教信仰自由政策，维护国家主权和社会稳定；

2.维护采访报道对象的合法权益，尊重采访报道对象的正当要求，不揭个人隐私，不诽谤他人；

3.维护未成年人、妇女、老年人和残疾人等特殊人群的合法权益，注意保护其身心健康；

4.维护司法尊严，依法做好案件报道，不干预依法进行的司法审判活动，在法庭判决前不做定性、定罪的报道和评论；

5.涉外报道要遵守我国涉外法律、对外政策和我国加入的国际条约。

第七条　促进国际新闻同行的交流与合作。要努力培养世界眼光和国际视野，积极搭建中国与世界交流沟通的桥梁。

1.在国际交往中维护祖国尊严和国家利益，维护中国新闻工作者的形象；

2.积极传播中华民族的优秀文化，增进世界各国人民对中华文化的了解；

3.尊重各国主权、民族传统、宗教信仰和文化多样性，报道各国经济社会发展变化和优秀民族文化；

4.积极参加有组织开展的与各国媒体和国际（区域）新闻组织的交流合作，增进了解、加深友谊，为推动建设持久和平、共同繁荣的和谐世界多做工作。

附则：对本《准则》，中国记协各级会员单位要结合实际制定相应实施细则，认真组织落实；全国新闻工作者要自觉执行；各级各专业记协要积极宣传和推动，欢迎社会各界监督。

二、新闻采编及出版流程管理规定

（摘自人民出版社《新闻记者培训教材 2013》）

出版流程管理在报刊业的发展中有举足轻重的地位，加强内部管理，设立采编、出版及发行流程管理负责制，进一步规范采编运作，让全体从业人员都能自觉恪守职业道德和工作准则，是报刊业发展进步的原动力。只有从政治上、思想上严格把关，从业务上严格管理，才能保障报刊出版的严谨和准确。

为明确采编流程，保证各新闻媒体采访、编辑、组版等各采编环节衔接顺畅、有序高效，编者汇总了人民日报社、广州日报报社、北京日报社、深圳报业集团、南方都市报编辑部的相关规定，供业界借鉴。

第一章　总则

第一条　为确保报纸正常出版，减少和杜绝延误出报、迟送报事故发生，规范报业采编、出版及发行流程管理，特制定本规定。

第二条　出版流程包括稿件（含照片、刊头和广告等，以下同）采写、稿件传递、稿件编审和传版、制版、印刷、运输、投递全过程。

第三条　报纸各采编和广告部门应早交稿、早签版，努力减少版面差错；技术管理部门应做好稿件、版面安全传递及技术平台保障工作；印刷部门应做好印刷设备运营保障工作，确保早出报、出好报；发行部门提供安全运送、投递保障。

第四条　新闻单位监督出版流程的部门对本规定的实施进行监督，按规定确定奖罚，上报社领导签字审定后，交集团财务部门执行奖罚。

第二章　采访及发稿

第五条　编辑记者按分工在本领域或区域采写稿件。重大主题稿件或舆论监督稿件，应经记者所在采访室、部门（分社）领导批准后采访。突发热点新闻线索须口头报请所在部门负责人审批后方可采访。

第六条　需当晚上版的稿件，一般应在下午编前会上通报内容和交稿时间；拟次日见报的周刊、专版稿件，也应在编前会上通报内容。

第七条　一般情况下，记者应独立或与本单位同事合作完成采写任务，确有必要与其他新闻单位同行合作，应提前报部门（报社）领导同意；如稿件要上要闻版，应事先通报值班总编辑知晓。

第八条　记者发稿时，应在电子稿开头或纸质稿稿签上注明各项提请编辑注意事项，重点包括：送审稿应注明主管部门审稿意见和审稿人姓名、职务、电话等；征求被报道单位意见或请其校定稿，应注明被征求人或校定人的姓名、职务及具体意见；采访稿应注明被采访人的姓名、职务和电话等。同时应提供所在部门（分社）领导意见等。

第三章　派稿及编稿

第九条　报刊社须建立编前会制度、新闻监测制度、重大选题策划制度，使采编部门前后方沟通顺畅，有针对性地操作重点报道。

第十条　编辑部各部门领导、版面主编可直接向记者派稿，如有重要稿件和重大选题策划，须经部门策划会讨论决定。

第十一条　由编辑部编辑向社外人员、单位或各地记者站、分社记者约写的稿件，编辑应请示所在部门负责人后再约稿，以便统筹考虑。

第十二条　编辑应在政治导向、标题制作等问题上严格把关。把握不准的，应报请所在部门领导审定。

第十三条　白班编辑向夜班编辑提供稿件时，应注明稿件来源、作者通讯地址和联系方式、处理建议和注意事项等。

第十四条　编发新华社通稿，编辑要通读全文。发现问题或疑点，应报告值班主编、值班主任，并与新华社联系处理。

第十五条　编辑处理新闻图片，参照上述规定。

第四章　评论编发

第十六条　社论选题主要由总编辑决定，当日值班的副总编负责落实。

第十七条　社论送审程序为：责任编辑→编辑部主任→分管副总编辑、总编辑。

第五章　重要图片编发

第十八条　收到重要领导同志图片后，版面编辑负责选用，其图片的制作、加工，由版面主编、美术编辑和图片制作员共同完成。

第十九条　图片制作员在制作加工中央主要领导同志彩色图片前，应将原片打印一份。按照会商意见制作加工后，再次打印图片彩样，请制作车间负责人、美术编辑、版面主编、总编室值班主任审看。审看合格后，再出报纸彩样。

第二十条　签版时，版面编辑要把重要领导同志图片与原片进行比较，特别要注意面部细节。

第六章　外来稿件审核

第二十一条　对爆料新闻不能直接刊发，编辑必须派记者进行采访，对事实核实无误后，经过审核把关，确定无报道风险后，方可发稿。通讯员来稿必须经过报社记者补充采访核实，对稿件的事实、文本进行重新加工后，由记者和通讯员联合署名发稿，以强化记者对通讯员来稿的把关责任。

第二十二条　由责任编辑根据版面需求特约的稿件，比如专栏作者的稿件，对作者背景、基本立场要审查清楚，背景不明的撰稿人，一律不约稿、用稿。特约稿件要严把政治导向关，通过严格审核后方可刊发见报。

第二十三条　对自由投稿，基于作者背景等审核的困难，原则上不予刊用。如来稿导向正确，不存在事实偏差、侵权风险，在核实清楚来稿作者背景及事实情况后，经严格把关，可考虑刊发。

第二十四条　对于转载稿件，要严格根据有关部门规范新闻信息源的要求和原则，在可转载范围内选取和使用稿件，如新华社发稿，则一律采用新华社通稿，且务必严格把关，按规定刊发。未经批准，任何人或部门不得转载境外媒体稿件，不得擅自采用其他媒体未见报稿件，也不得向其他媒体提供任何稿件。

第七章　版面编排

第二十五条　各版面的稿件编辑、版式设计、大样修改等，由各版主编、责任编辑负责，要闻版稿件须经值班总编辑同意后拼版。

第二十六条　版面编辑在指导操作员拼版过程中，如有改变版式、调整稿件等较大改动时，须经所在部门主编同意方可进行。

第二十七条　各版均应在规定时限内，完成选稿、编稿、拼版等工作和校检、一读等工序，相关完成时间应记录在案。

第二十八条　稿件撤换原则上应由当日值班社领导向相关部室值班主任做出安排，在要求撤换、修改稿件或调整版面位置时应提出相应的理由。撤换稿件、调整版面一般应在二校之前提出。遇有须及时刊发的急稿可随时要求撤换。

第八章　版面送审

第二十九条　在新闻采编出版流程中，要严把审稿关。原则上应严格执行责任编辑初审、部门主任审核、值班（主管）副总编辑审定、总编辑终审的四级审稿制度。

责任编辑在初审了当日上版的记者稿件后，进行拼版并出第一遍大样。

第一遍大样由部门主任审核，同时送校对部门进行第一次核校，改后版样交由责任编辑参改，改后出第二遍大样。

第二遍大样由值班副总编辑审定后，报总编辑终审，领导提出的修改意见，责任编辑均应遵照修改，改后出第三遍大样。

第三遍大样经校对部门进行最后校对，经审核无误后签付“最后付印样”，之后由编辑部主任签字，并由当日值班总编辑签字。

第三十条　白班成版的版面，在校对组签“最后付印样”后，应送夜班值班社领导一份定版的纸质大样，以备夜班查验。

第三十一条　夜班成版的各版大样，每遍均送夜班值班社领导、总编室值班主任各一份。

第九章　版面签发

第三十二条　校对组签发“最后付印样”后，各版面值班主编应对大样做最后的技术检查:版面稿件是否存在漏行、错行、丢尾;标题是否有错字,以及插图、照片、刊头是否有差错;版面上的其他问题。

第三十三条　经审核完成的版面,在校对组签发“最后付印样”后,责任编辑应将“最后付印样”交照排中心,由其负责在电脑上签发。

第三十四条　各版值班主编是版面最后把关人,在版面签发前不得离开岗位。

第三十五条　版面签发后,由印刷厂和卫星传输室根据“最后付印样”和“贴样”进行制版和传输。

第三十六条　各报(包括各报外地分印点)要设立“第一读者”岗位。“第一读者”负责审阅报纸各版签发后的大样和第一时间阅读印刷出来的第一张报纸,杜绝重大差错发生。

第三十七条　值班编委或副总编辑(或总编辑)每天签字确认的 PDF 纸样,由各报总编室(或校对科)收集贮存,并保存三个月以上,未保存大样或者保存时间不足三个月的,总编室主任应承担责任。

第十章　印务与发行

第三十八条　各部门按照以上采编流程盖章后的版面文件,印务公司负责确保成功拷贝各版大样、图片和刊头等到安全隔离服务器后,从服务器出版及传外地版。

第三十九条　印务部门数字制版部必须安排好值班,每天定时重新启动安全隔离服务器,及时发现系统提示出来的版面问题,并与版面编辑沟通;当发现重要敏感词系统出现报警提示时,值班人员必须立即查明原因并与编辑沟通。

第四十条　报纸付印前,印务部门须先出大样比对各版面的质量、版序等,确保出版安全。

第四十一条　印务部门应充分利用现有设备力量，尽量将最后交报时间提前；如遇采编环节延误时间的，应根据采编部门的事先通知启动必要的提效预案。

第四十二条　以各叠报纸最后签发时间计算，印务部门要在规定时间内印刷完毕。开印时间及每叠报纸印刷所需标准时间根据印力状况和报纸数量变化而调整，调整方案应经社领导批准公布后执行。超时印报视为迟出报，应予以处罚（以各报《印刷流程日报表》为依据）。

第四十三条　在印报过程中如发现差错，应迅速报告印务部门值班领导并由值班领导决定：如为重大政治差错，立即停印，并第一时间向社长、总编辑、总经理报告；如为严重差错，值班经理立即向社长、总编辑、总经理报告，并请示是否停印；如为一般差错，立即向所印报纸的总编辑报告，并请示是否停印。

第四十四条　印务部门必须将版面编辑提交的最终纸样及《出片流程表》上的编辑签字保留三个月以上，以做事后审核追查之用。

第四十五条　新闻网必须在各报版面付印并经“第一读者”审读之后从采编系统中取 PS 版面文件，建立全文数据库和发布上网。

第四十六条　印务部门将印好的报纸交给发行公司后，发行公司必须以最短时间将报纸投递到读者手中，杜绝漏投。如因前面流程环节延误，发行公司要积极缩短正常投递时间，抢回前面流程延误时间的予以奖励。

第四十七条　在投递过程中发现报纸内容有重大差错，应在第一时间报告发行公司值班负责人，经请示社长、总编辑、总经理后，方可停送。发现重大差错者视挽回损失大小给予奖励。

第四十八条　发行公司应加强发行过程的稽查管理，对发行过程出现的迟送报、漏投等发行问题负领导责任。同时，报社应派员介入监督。

三、出版专业技术人员继续教育暂行规定

第一条　为推进出版专业技术人员继续教育科学化、制度化、规范化，培养造就高素质的出版专业技术人员队伍，根据《中华人民共和国职业教育法》（中华人民共和国主席令第69号）、《全国专业技术人员继续教育暂行规定》（人核培发〔1995〕131号）、《出版专业技术人员职业资格管理规定》（新闻出版总署令第37号）和《关于加强专业技术人员继续教育工作的意见》（国人部发〔2007〕96号）等制定本规定。

第二条　本规定所称继续教育是对出版专业技术人员进行的以政治理论、法律法规、业务知识、技能训练和职业道德等为内容的教育活动，其目的是促进出版专业技术人员坚持正确出版方向，不断增加、补充、拓展专业知识，提高业务技能，提高创新水平和专业技术水平。

第三条　出版专业技术人员享有参加继续教育的权利和接受继续教育的义务。

第四条　继续教育应当遵循下列基本原则：

（一）以人为本，按需施教。把握出版业发展趋势和出版专业技术人员从业基本要求，以需求为导向，遵循出版人才成长发展规律，科学施教。坚持强化服务，质量第一。

（二）突出重点，提高能力。注重提升出版专业技术人员岗位胜任能力和解决实际问题的能力。以提升创新能力为重点加强高层次出版人才培养。进一步改善出版队伍人才结构和知识结构。继续教育工作要面向现代化、面向世界，注重更新知识，

注重培养出版专业技术人员数字出版、国际贸易、现代市场开拓经营的能力。

(三)加强指导,创新机制。不断完善培训内容体系,创新培训内容、方式。在统筹规划的前提下,有效利用各方面教育资源,建立开放的继续教育格局和激发继续教育机构活力的竞争择优机制。

第五条　新闻出版总署负责全国出版专业技术人员继续教育的管理。

(一)制定出版专业技术人员继续教育规划;

(二)制定出版专业技术人员继续教育管理办法;

(三)审定出版专业技术人员继续教育大纲;

(四)组织开发、推荐、评估出版专业技术人员继续教育重点教材,加强对继续教育教材的编写、评估、推荐、出版、发行、使用情况的管理和监督;

(五)组织全国出版专业技术人员继续教育师资培训;

(六)评估、整合、公布全国继续教育机构;

(七)指导、督促、检查各地区和有关部门开展出版专业技术人员继续教育工作。

第六条　各省(区、市)新闻出版行政部门负责本行政区域内出版专业技术人员继续教育的组织管理工作。

(一)依据本规定,制定本行政区域内人员的继续教育实施办法;

(二)制定本行政区域内人员的继续教育规划并组织实施;

(三)组织开发、推荐、评估适合本地区人员的继续教育教材,加强对继续教育教材的编写、评估、推荐、出版、发行、使用情况的管理和监督;

(四)评估、整合、公布本行政区域内的继续教育机构,并向新闻出版总署备案；

（五）指导、监督本行政区域内出版专业技术人员继续教育工作，规范继续教育市场。

第七条　出版专业技术人员每年参加继续教育的时间累计不少于72小时。其中，接受新闻出版总署当年规定内容的面授形式继续教育不少于24小时。其余48小时可自愿选择参加省级以上新闻出版行政部门认可的继续教育形式：

（一）参加省级以上新闻出版行政部门公布的继续教育机构组织的各类培训活动；

（二）参加省级以上新闻出版行政部门认可的全国出版专业技术职业资格考试考前培训；

（三）被省级以上新闻出版行政部门认可的其他形式，包括参加国际出版培训活动、国内专业研讨活动等。

第八条　在职自学是出版专业技术人员继续教育的重要补充。鼓励出版专业技术人员参加在职自学。在职自学时间可折合继续教育时间，省级以上新闻出版行政部门视具体情况确定折合方式。在职自学形式包括：

（一）参加普通高等院校或成人院校举办的国家承认相关专业学历、学位的教育；

（二）接受省级以上新闻出版行政部门认可的与出版业务相关的远程教育和网上培训；

（三）省级以上新闻出版行政部门认可的其他在职自学形式。

第九条　省级以上新闻出版行政部门颁发继续教育合格证书，作为出版专业技术人员每年参加符合要求的继续教育的依据。

第十条　出版专业技术人员由于伤、病、孕等特殊原因，无法在当年完成继续教育时间的，可由本人所在出版单位提供证明，经归口管理的省级以上新闻出版行政部门审核确认后，其应参加继续教育的时间可以顺延下一年度合并完成。省级以上新闻出版行政部门将在下一年度的继续教育合格证书中予以注明。

第十一条 加强继续教育机构建设，构建分工明确、优势互补、布局合理、竞争有序的继续教育网络。充分发挥新闻出版总署所属教育培训机构和各省（区、市）新闻出版培训机构（基地）主渠道作用，鼓励并引导行业协会、学术团体、大专院校、科研院所等具备培训条件的社会办学单位参与继续教育工作。

第十二条 继续教育机构必须同时符合下列条件：

（一）具备承担与培训工作相适应的教学场所和设施；

（二）拥有与承担培训工作相适应的师资队伍和管理力量；

（三）能够完成所承担的培训任务，保证培训质量。

第十三条 中央部委出版单位出版专业技术人员的继续教育工作由新闻出版总署公布的继续教育机构负责。

第十四条 省级以上新闻出版行政部门应当按照管理权限，定期对继续教育机构的培训情况进行检查、评估，并将检查、评估结果向行业公布。视检查、评估具体情况对继续教育机构进行及时调整，并定期公布出版专业技术人员继续教育机构名称等相关信息。

第十五条 省级以上新闻出版行政部门指导加强教材建设，逐步形成教材体系，以适应不同层次出版专业技术人员继续教育的需要。教材开发、编写遵循一纲多本原则，提倡出版专业技术人员继续教育教材开发社会化，鼓励业内有能力的部门和单位按照统一的继续教育大纲，参与开发、编写继续教育教材。

第十六条 继续教育机构应将各项收费标准分项报省级以

上新闻出版行政部门备案,应在每次培训完成后 10 日内提交书面备案材料。

第十七条　从事继续教育工作的师资队伍,应结构合理、专兼职比例适当。应选聘党政优秀领导干部、企业经营管理人员和知名专家学者担任兼职教师。继续教育培训机构应推行教师竞聘上岗并建立、完善师资考核评价体系。

第十八条　出版单位应当遵循教育、考核、使用相结合的原则,负责组织并支持出版专业技术人员参加继续教育。

出版单位应当按照有关规定足额提取职工工资总额的 1.5%～2.5%作为职工教育经费,支持出版专业技术人员继续教育。

出版单位应当将出版专业技术人员参加继续教育情况作为其任职、晋升的依据之一。

出版单位应当加强出版专业技术人员业务档案、诚信档案建设,如实记载出版专业技术人员接受继续教育情况。

第十九条　省级以上新闻出版行政部门负责对出版专业技术人员参加继续教育情况进行考核。对未按规定参加继续教育或者无正当理由未完成继续教育规定时间的出版专业技术人员,不予进行出版职业资格的登记、注册或续展登记、注册。

第二十条　对未按规定参加继续教育或者无正当理由未完成继续教育规定时间的出版专业技术人员所在出版单位,视情节轻重,省级以上新闻出版行政部门将采取通报批评、责令改正等处理措施。

第二十一条　继续教育机构有下列情形之一的,由省级以上新闻出版行政部门责令限期整改;逾期不改正的,由省级以上新闻出版行政部门予以通报:

(一)采取虚假、欺骗等不正当手段招揽生源的;

(二)以继续教育名义组织境内外公费旅游或者进行其他消费活动的;

(三)违反国家有关规定擅自印发学历或学位证书、职业资格证书或培训证书的;

(四)借继续教育之名乱收费的;

(五)违反本规定的其他行为。

第二十二条　本规定由新闻出版总署负责解释。

第二十三条　本规定自 2011 年 1 月 1 日起施行。

四、新闻出版许可证管理办法

第一章　总则

第一条　为加强新闻出版许可证(以下简称许可证)管理,规范新闻出版市场秩序,维护公民、法人和其他组织的合法权益,根据《中华人民共和国行政许可法》《出版管理条例》《音像制品管理条例》《印刷业管理条例》等相关法律、法规制定本办法。

第二条　本办法所称许可证,是指新闻出版行政部门根据公民、法人或其他组织的申请,经依法审查,准予其从事新闻出版活动的行政许可证件。

许可证的设立、设计、印刷、制作、发放、使用、换发、补发、变更、注销等管理适用本办法。

第三条　新闻出版行政部门在许可证管理中应当遵循依法、公开、规范、便民的原则。

无法律法规依据,不得以任何名义和形式向行政相对人收取涉及许可证的相关费用。

第四条　国家新闻出版广电总局负责全国新闻出版许可证

监督检查、统一备案和信息公示等职责；地方新闻出版行政部门负责本辖区许可证的监督检查职责。

各级新闻出版行政部门负责对所发放、注销、吊销的许可证在政府网站或经批准公开发行的报纸上进行公示。

第二章　许可证的设立、设计、印刷、制作与发放

第五条　许可证设立，是指对依法设定的行政许可项目，决定以颁发许可证的形式作为许可证件。

许可证设立，必须以法律法规设定的行政许可为依据。

第六条　许可证设计，是指对许可证的登记项目和样式进行的设计。设计许可证时须规定其有效期限。

国家新闻出版广电总局负责各类许可证的设立与设计。

第七条　许可证印刷，是指按照许可证的设计样式，印刷不含登记内容的纸质许可证或复制不含登记内容的电子许可证。

许可证的印刷原则上由实施行政许可的新闻出版行政部门负责，根据实际情况也可由上级新闻出版行政部门统一印刷。

第八条　许可证制作，是指空白许可证的内容填写、盖章、封装等。

许可证须由新闻出版行政部门依法作出行政许可批准决定或按本办法及有关规定履行补发、换发手续后制作。

许可证的许可登记项目内容必须与行政许可决定内容相一致。许可证不得交由行政相对人自行填写或由其他机构代为填写。

许可证登记事项发生变更的，由办理变更登记的新闻出版行政部门在许可证相应位置加盖变更专用章。

许可证加盖实施行政许可的或办理变更登记的新闻出版行政部门公章或变更专用章后，正本、副本具有同等的法律效力，其他任何部门或单位不得在许可证上加盖公章。

第九条　许可证发放，是指将许可证送达行政相对人。

许可证原则上由实施行政许可的新闻出版行政部门发放。为方便行政相对人，也可由实施行政许可的新闻出版行政部门依法委托下级新闻出版行政部门代为发放。

新闻出版行政部门应当自作出行政许可批准决定之日起10个工作日内，将许可证送达行政相对人。

委托发放许可证的，下级新闻出版行政部门应自收到行政许可批准决定和许可证后4个工作日内送达行政相对人，并不得要求行政相对人另行办理许可证申领手续。

第三章　许可证的使用、换发与补发

第十条　许可证持证者应按照许可证所载明的业务范围和期限从事新闻出版活动。

第十一条　许可证不得伪造、涂改、冒用，或者以买卖、租借等任何形式转让。

第十二条　许可证有效期满即失效。持证者需要延续依法取得的许可证的，应当在该许可证有效期限届满30日前，向原发证机关提出换发许可证申请。

第十三条　许可证发生损坏、丢失的，持证者应持损坏许可证原件或在经批准公开发行报纸上发表的遗失声明，向原发证机关申请补发新证。原发证机关应在自收到损坏许可证原件或遗失声明5个工作日内，注销旧证，发放新证。

第十四条　换发新的许可证时，应同时收回旧证。除国家新闻出版广电总局直接换发的许可证外，其余旧证按属地管理原则由属地许可证换发部门统一登记销毁，并于销毁后1个月内将换发、销毁情况逐级报上级新闻出版行政部门备案。

第四章　许可证的变更与注销

第十五条　许可证登记的许可事项发生变更的，实施行政许可的新闻出版行政部门应根据持证者提出的许可申请，履行审批程序，按审批权限在变更记录页上办理变更登记或由原发证机关换发新证。

第十六条　许可证登记的非许可事项发生变更的，实施行政许可或受委托的新闻出版行政部门根据持证者提出的变更申请，原则上应现场即时完成许可证副本变更记录页的变更登记或由原发证机关换发新证，为行政相对人提供便捷高效的服务。

第十七条　实行年度核验制度的行政许可，许可证在年度核验合格并加盖核验章后继续使用。

第十八条　有《行政许可法》第七十条规定情形的，由实施行政许可的新闻出版行政部门在1个月内注销许可证并公示。

第五章　许可证的电子信息化管理

第十九条　国家实行统一的许可证信息化管理。国家新闻出版广电总局负责“全国新闻出版许可证信息管理系统”的总体设计、建设指导以及应用协调等工作，实行许可证信息的全国联网、集中公示和有效管理。

第二十条　地方各级新闻出版行政部门按要求做好“全国新闻出版许可证信息管理系统”的衔接、应用工作，严格履行信息采集、报送等职责。

第二十一条　新闻出版行政部门在条件具备时制作发放电子许可证。电子许可证与纸质许可证具有同等的法律效力。

第六章　法律责任

第二十二条　新闻出版行政部门有下列行为之一的，依据《行政许可法》第六十九条、第七十四条，由其上级行政机关或者监察机关责令纠正违法违规行为，撤销行政许可，注销所发放的许可证并予以通报批评；情节严重的，追究部门主要领导和直接责任人员的行政责任：

（一）无法定行政许可依据或超越权限设立许可证的；

（二）未经法定行政许可，擅自制作、发放许可证的；

（三）违规在许可证上加盖公章的；

（四）擅自改变许可证样式、登记项目并制作、发放许可证的。

第二十三条　新闻出版行政部门有下列行为之一的，由其上级行政机关或者监察机关责令改正并通报批评：

（一）由行政相对人或其他机构代为填写许可证内容的；

（二）不按行政许可决定填写许可证内容的；

（三）发放许可证时要求行政相对人另行办理申领手续的；

（四）未按规定及时发放许可证的；

（五）未按规定逐级报备废旧许可证销毁情况的。

第二十四条　违法违规收取涉及许可证有关费用的，依据《行政许可法》第七十五条，由其上级行政机关或者监察机关追究有关领导和直接责任人员的行政责任，监督退还所收取的费用并通报批评；情节严重的，移交有关部门查处。

第二十五条　新闻出版行政部门工作人员在涉及许可证的有关工作中，利用职务获取不当利益的，依据《出版管理条例》第六十条规定处罚。

第二十六条　行政相对人有下列行为之一的，依据《行政许可法》《出版管理条例》《音像制品管理条例》《印刷业管理条例》和有关部门规章的规定处罚；没有相应规定的，由新闻出版行政部门责令改正，情节严重的，并处警告或3万元以下罚款：

（一）许可证登记事项发生改变，未依法依规进行变更登记的；

（二）涂改、出卖、租借或者以其他形式非法转让许可证的；

（三）以欺骗、贿赂等不正当手段取得许可证的；

（四）未按许可证载明的业务范围从事新闻出版活动的。

第七章　附则

第二十七条　《新闻记者证》等有关人员资格证书不适用本办法。

第二十八条　省级新闻出版行政部门可根据本地区实际制定实施办法。

第二十九条　电子许可证和“全国新闻出版许可证信息管理系统”的管理办法由国家新闻出版广电总局另行制定。

第三十条　地方性法规设定行政许可的许可证的设立、设计、印刷、制作、发放、变更登记事项、注销等，可参照本办法进行管理。

第三十一条　本办法自 2016 年 3 月 1 日起施行。

后 POSTSCRIPT 记

“新闻出版实用知识丛书”是重庆市出版工作者协会组织重庆新闻出版业界的专家和资深从业人员共同编写的一套以介绍新闻出版业基本知识为主的实用性丛书。丛书按报刊出版、图书出版、音像电子出版、出版物印刷、出版物发行、著作权与版权贸易、数字出版七大类分册，逐一梳理和介绍新闻出版业的基本知识和基本技能，其核心在于实用，旨在使从业人员或希望了解新闻出版业的人士一读就懂，一学就会，学以致用，学而能用。

参加《报刊出版》一书的编写人员有多年从事报纸和期刊出版工作的一线采编人员、正副编审，以及从事多年报刊管理工作的人员，主要有赖炳福、李鸿仁、廖承文、汤兴华、游宾、吴昊、兰世秋、韩云波、容琦、聂昌红、高露、邹蕉娇、张元婧、李金静等。此外，杨恩芳、郭翔、缪超群、王增恂等领导专家在组织策划、统稿、审读书稿中，对编写体例、内容修改完善等方面提出了许多宝贵的建议。重庆市文化委、重庆日报报业集团、重庆期刊协会有关人员均对本书的出版做出了指导。对以上单位和个人对于本书的关心和帮助，在此表示衷心感谢。

希望本书的出版能有助于报刊出版从业人员专业素养的提高，有助于新闻出版企事业单位人才队伍的建设，有助于新闻出版管理部门加强对行业的监管。当然，在编写过程中，难免挂一漏万，不当之处，望读者批评指正。

编者

2017 年 7 月